LÍDERES OCULTOS

Reflexiones de Personas de Influencia

Alejandro Manuel Miranda Torres

ISBN 979-8-64350-005-6 (Versión Impresa)

Derechos de autor © 2020 Alejandro Manuel Miranda Torres
Todos los derechos reservados
Primera Edición

Todos los derechos reservados. Nada de mi publicación puede ser reproducida, distribuída, o transmitida de ninguna manera, incluyendo fotocopias, grabaciones, u otro método electrónico, sin antes un permiso escrito del publicador.

Todos los derechos reservados. Ninguna parte de esta publicación podrá reproducirse en forma alguna o por medio alguno, incluyendo por escaneo, fotocopiado, o de otra forma sin previa autorización por escrito del editor.

Exención de responsabilidad y términos de uso: El Autor y el Editor han intentado ser lo más preciso e íntegro posible en la creación de este libro, no obstante que en ningún momento garantizan o declaran que el contenido del mismo sea preciso debido a la naturaleza rápidamente cambiante del Internet. Si bien se han realizado todos los esfuerzos para verificar la información proporcionada en esta publicación, el Autor y el Editor no asumen responsabilidad alguna por errores, omisiones o una interpretación contraria del objeto de esta publicación. Cualquier desaire de personas, pueblos u organizaciones específicas que pueda percibirse no es intencional. En los libros de consejos prácticos, como en cualquier otra cosa en la vida, no hay garantías de ingresos obtenidos. Se recomienda a los lectores confiar en su propio juicio con base en sus circunstancias individuales y actuar en consecuencia. Este libro no está destinado para utilizarse como fuente de asesoría legal, empresarial, contable o financiera. Se recomienda a todos los lectores buscar los servicios de profesionales competentes en el ámbito legal, empresarial, contable y financiero.

Quiero agradecer profundamente a cada uno de los líderes y sus equipos de trabajo que han ayudado a la realización de este libro, esta obra no es sino un esfuerzo por consolidar los talentos, ideas, conceptos y experiencias de personas y profesionales que están haciendo un gran cambio positivo en sus áreas de desempeño, ambientes laborales y profesionales, entornos sociales, intelectuales y comunidades en distintas regiones de nuestro gran país, México.

Cada uno de estos líderes enfrenta y diseña retos diarios, resuelve, actúa, planifica, visualiza la existencia de un mundo posible, de una vida mejor para ellos y sus distintos entornos, son generadores de cambio e influencia en este país y en el mundo.

Compartir ideas, conceptos y tiempo con los líderes ocultos ha sido muy alentador y educativo.

Escuchar a estos líderes ocultos y aprender de ellos ha sido una gran experiencia formativa, estoy seguro que la lectura de cada una de estas historias traerá al lector entusiasmo, imaginación y fe en las capacidades humanas para los grandes logros.

Un verdadero líder surge de la necesidad imperiosa de buscar y trabajar por un propósito, por una razón de vida mucho más profunda y significativa que el mero logro de objetivos materiales. El propósito es la manifestación real y clara de los deseos muchas veces confusos de nuestra propia naturaleza humana.

Creo en la importancia del desarrollo del Ser como base fundamental para toda gran obra de vida, estoy convencido de nuestras grandes capacidades humanas y divinas para el alcance de metas que alguna vez fueron ideas y que han tenido que materializarse a través del esfuerzo diario, planificación detallada y acciones específicas para su realización.

Un líder surge a partir del deseo de conseguir, de lograr, de materializar y de cambiar las cosas, de tener influencia positiva en entornos muchas veces desfavorables. La capacidad para sobreponerse a situaciones adversas y encontrar un beneficio equivalente es una de las grandes cualidades de los líderes ocultos.

Desde mi perspectiva los grandes líderes mantienen para sí una gran actitud mental positiva y una natural o adquirida disposición anímica a pensar en grande.

Siempre he sido un apasionado del estudio del éxito humano, entendiendo por ello la capacidad de creación y generación de abundancia en entornos escasos y de limitaciones físicas, ambientales, humanas, pero sobre todo mentales. Un líder que trabaja y desarrolla ideas y oportunidades, es un Ser creador que es capaz de cambiar condiciones desfavorables en busca de conseguir sus mas grandes sueños, un líder es "movido" por mecanismos naturales y ocultos que tratamos de descifrar en las conversaciones con cada uno de ellos.

Ciertamente no existen formulas mágicas para la manifestación del éxito. Siendo éste un concepto relativo y muchas veces ambiguo, el éxito es una manifestación plástica, flexible y evolutiva de los grandes deseos de un ser creador y creativo, es la consolidación absoluta de los sueños, trabajo, imaginación y fe de un líder oculto.

Alejandro Manuel Miranda Torres

AGRADECIMIENTOS

No tengo más que palabras de agradecimiento para todas las personas que de manera directa o indirecta ayudaron para la creación y materialización de esta idea.

Quiero agradecer de manera especial a Mike Saunders y su equipo de trabajo por su profesionalismo y entrega durante el proceso de creación de este libro, a Carmen Teresa Gonzalez Ponce mi asistente personal quien es además una extensión operativa de todos los proyectos en los que participo, a Marco Antonio Gama Hurtado por su paciente revisión de este material, a Monica Oceguera Ruvalcaba y Slauka Ladewig Seńkowski por sus impecables traducciones, a Maria Luisa Álvarez Caloca e Idalia Guadalupe Rodríguez Ramos por su trabajo creativo, a Claudia Franco quien además de ser una líder entregada ha sido incondicional en su ayuda para la realización de Líderes Ocultos . Tengo una profunda sensación de gratitud para cada uno de los líderes entrevistados para este libro quienes con una gran disposición hicieron esta obra posible.

Por último quisiera mencionar a mis hermanos Alfonso, Claudia, Vanessa, Roxana, Emmanuel+, a mi madre Maria del Socorro Torres Luna por su silencioso e incondicional apoyo asi como a mi padre Dr Alfonso Miranda Hurtado+ quien con su visión y disciplina me ayudó a entender la importancia de forjar el liderazgo en nuestras vidas.

PRÓLOGO

Conocí a Alejandro en el verano del 2010. Coincidimos en un lugar en donde la gente compartía sus inquietudes, ponía en la mesa sus miedos, era un lugar lleno de preguntas. Quienes estábamos ahí cruzábamos miradas, intercambiábamos frases y dudas, y en algo coincidíamos: estábamos en busca de *las respuestas*, o por lo menos, buscando las preguntas que las detonaran.

¿Qué lees? Me dijo Alejandro.

Ese fue el inicio de una larga y nutrida conversación entre nosotros, misma que ahora veo materializada en este libro que tienes en tus manos. El Alejandro de entonces, estaba lleno de dudas, igual que yo y quizá igual que tú. Al mismo tiempo habitaba dentro de él, aquel joven universitario que fue con el deseo de haber tenido una voz cercana que le dijera *cómo y por dónde*. A todos nos hubiera gustado tener una voz así, cerca, un consejero, un guía. En ambos también habitaba un niño con un enorme deseo de sanar, estoy segura de que buscábamos lo mismo. La transformación no ocurre de la noche a la mañana, es un largo proceso de regreso a casa que nos conduce al conocimiento profundo de nuestro propio ser.

Alejandro pasó por todo. Un hígado graso que le robo muchas noches, un dolor en las cervicales que le quedo debiendo incontables días de paz, un sobre-peso que lo mantenía agotado durante el día, problemas en la oficina que no sabía cómo ni desde dónde abordar, excesos… hasta la muerte de su padre que lo marcó contundentemente. ¿Cómo pudo Alejandro abordar todo aquello que le ocurría sin sentirse harto, agotado y exhausto? ¿Cómo podía haberle dado una lectura objetiva a los hechos y mantenerse dentro de un espacio que le permitiera confiar en su vision creativa? ¿Cómo no huir por la puerta fácil o abortar la misión antes de perderse en la incertidumbre? ¿Cómo no hacerlo?

…Solo fue posible cuando recordó que dentro de él (así como de todos nosotros), habita un líder con el poder de tomar el timón de la conciencia y de la vida.

De eso va Líder Oculto.

Dentro de todos nosotros habita un líder. Ese líder se hace notar a través de nuestra actitud, que es la manera en la que le damos lectura (significado) a aquello que pasa. Esta actitud se hace presente cuando observamos cómo y desde dónde estamos resolviendo las circunstancias que se nos presentan en la vida. Este libro reúne diferentes voces que han sabido, sin saberlo, que un líder habitaba dentro de ellos y que era necesario escucharlo para cambiar parte de su historia y construir la vida que deseaban: supieron modificar su actitud ante los hechos. Ese líder vive dentro de nosotros e intuye la forma en la que debemos actuar para alcanzar nuestras metas y vivir bajo un propósito.

Ese líder vive dentro de ti.

Cada una de las voces que escucharás aquí será un espejo que te ayudará a reconocerte. ¿Qué hubieras hecho tú en tal situación?

¿Cómo hubieras enfrentado el sabor del fracaso? ¿Qué decisión hubieras tomado? ¿Cómo haber hecho frente a una enfermedad, un acontecimiento sorpresivo, la falta de recursos, especiales circunstancias, un "no" como respuesta, el miedo a dar un siguiente paso, la falta de fe, la duda? Conectar con el líder oculto que habita en ti es darte la oportunidad de confiar en ese poder infinito y absoluto que está a tu disposición y se te ha dado por derecho divino.

Recorre el viaje de tu propio liderazgo y cuestiónate, como lo hizo Alejandro, ¿qué de bueno puedo sacar de esta experiencia? ¿Qué pasaría si medito todos los días treinta minutos? ¿Qué tal si cambio mi forma de alimentarme? Y si me nutro con todo aquello que le aporte a mi ser, ¿en quién podría convertirme? ¿Y si investigo más y descubro lo que, aún no sé, hay dentro de mí? ¿Y si confío en que llegarán las respuestas? ¿Y si hoy tomo las riendas de mi vida y sale a la luz ese líder oculto que habita dentro de mí?

¿Qué lees? me preguntó Alejandro aquel día, entonces supe que nuestro encuentro tenía una razón mucho más elevada. Sin saberlo yo sería testigo de la transformación de un hombre que un día tomó la decisión de auto liderarse.

Que la transformación de otros sea tu más grande inspiración. Así lo fue para mí.

Claudia G. Franco Bernáldez
Febrero 2020

"La capacidad de adaptación tiene que estar en el ADN de cualquier empresario"

Conversación con Iván Hernández

Alejandro Miranda: Si tuviéramos que ver hacia atrás, ¿existe algún tipo de señal o indicio que hayas tenido en tu vida que te diste cuenta que poseías el ADN de un líder oculto?

Iván: Primero que nada, muy agradecido por haberme considerado. Como te comenté en su momento, no me considero un líder, es un privilegio que me hagas saber ante ti, ante tus ojos, que por ahí tengo algo de liderazgo. Lo pudiera relacionar yo con el tema que desde muy chico siempre fui un atleta muy comprometido, muy competitivo y siempre me gustó estar en organizaciones o en equipos, en este caso, que fueran competitivos.

Siempre planteando metas y con un objetivo final, que en el caso del deporte era llegar a ser el número uno. La relación con el deporte fue porque tuve la oportunidad de estar en su momento en las ligas infantiles, era la liga más competitiva a nivel nacional. Dentro del deporte destaqué como jugador asumiendo roles de liderazgo y responsabilidad tal como ser capitán en la defensiva del equipo.

Desde que empecé a jugar siempre me gusto "hacer equipo" rodearme de buenos jugadores y talentos en potencia. Crear un buen ambiente y divertirnos de igual forma en el juego. Como jugador fui seleccionado nacional en varias ocasiones, estuve en diferentes equipos en los que transité por cambios de ciudad y debido a temas familiares por relación del trabajo de mi padre. Jugué hasta la liga intermedia al nivel más competitivo que había y ahí es donde empecé a notar que me gustaba destacar y jugar un rol clave en los equipos, me gustaba jalar gente, divertirme pero también ganar y siempre estar en las primeras posiciones.

Alejandro Miranda: Iván, gracias. Eso es fútbol americano, ¿correcto?

Iván: Así es. Yo siempre jugué fútbol americano, desde los seis hasta los 20 años.

Alejandro Miranda: El trabajo en equipo es una de las grandes virtudes de los líderes, ¿no?

Iván: Así es en el deporte (como en la vida creo) no se llega al objetivo solo, te tienes que rodear de los mejores, de aquellos que complementan tus debilidades y reitero mucho es esa parte de divertirnos en el camino y hacer lo que nos apasiona.

Alejandro Miranda: Puedes describirnos, ¿qué tipo de persona eras como estudiante?, ¿los trabajos que tuviste?, ¿qué metas tenías?, ¿a qué tipos de problemas te enfrentaste antes de convertirte en el empresario que eres hoy?

Iván: A nivel de estudiante, fui un estudiante dedicado, no fui del todo brillante, batallaba particularmente con algunas asignaturas como Matemáticas, Física, Química, pero siempre fui muy hábil, siempre me gustó, digo, me considero, primero, un ser social. Me gusta rodearme de gente que creo me aporta y aporta a la visión que tengo, al proyecto que tengo, o que voy teniendo en ese momento y muy importante que la gente que me rodee comparta una estructura de valores y gustos similares o afines a los míos.

Lo mismo fue en la escuela; no fui del todo brillante, fui un alumno promedio o poco arriba del promedio. Fui arriba del promedio porque me iba mejor en el área de humanidades que en las ciencias exactas, uno sabe de qué pata cojea y tuve la fortuna, la visión y la suerte de ubicar dentro de mi entorno a gente que tenía mayor habilidad que yo en la parte de las ciencias exactas, me costaba trabajo, siempre he sido disciplinado, eso me lo dio el deporte desde muy chico. Creo que rodeándonos de gente o personas, amigos, en este caso cuando estás en la escuela, que son más brillantes que tú en ciertas áreas, nos permite salir adelante con disciplina. Fui un chico muy disciplinado, nunca reprobé una materia, salí adelante y saqué la escuela bien, pero mucho tiene que ver con la gente que me rodeaba.

Alejandro Miranda: ¿Qué momentos en tu vida pudieron ser definitivos?, no sé, ¿alguna persona que hayas conocido?, ¿alguna lectura?, ¿algo que te haya hecho decidir en convertirte en lo que eres hoy?, en un empresario que además conozco de primera mano. Sé que te apasiona lo que haces y haces mucho para ayudar a la gente.

Iván: Yo diría que un fracaso. Yéndome un poquito antes, por lo menos en la parte de estudiante, siempre tuve metas, más o menos van hiladas con mi vida. Dentro de mis metas que tuve como estudiante fueron dos cosas, la primera fue estudiar en el extranjero con la intención de poder jugar fútbol americano al nivel más competitivo, por lo que se me dio la oportunidad y cursé un año de preparatoria en donde además de perfeccionar el idioma (el objetivo de mis padres) logre conjuntar mi sueño que fue el jugar fútbol americano.

Ya en la carrera, siempre quise irme de intercambio. Empiezo a trabajar desde la carrera, empiezo a trabajar en actividades relacionadas a comercio exterior. Mi carrera es Comercio Internacional. Me puse el objetivo de irme de intercambio a Asia. Me voy a China de intercambio y allí es donde mi vida empieza a cambiar. Tuve la oportunidad de cursar un semestre de intercambio en la ciudad de Hangzhou, en China y posterior a ese semestre sentí que mi experiencia con China aún no terminaba y conseguí hacer prácticas profesionales en la ciudad de Shanghai, China a mis 20 años de edad.

El llegar y ver lo que estaba ocurriendo en China (esto en el año 2005) me hizo darme cuenta que no era suficiente el tiempo que había permanecido y conseguí un trabajo, un empleo por un año adicional, amplié mi estadía y me quedé un año más trabajando en China. Yo sentía que no había terminado mi cuota de China y a los seis meses de intercambio, me quedé un ratito más. El darme cuenta de cómo funcionaba el país, de las oportunidades que había, me hizo regresar algunos años después.

Obtuve un empleo ya una vez graduado, era representante comercial de una constructora americana. El proyecto termina abruptamente, no por decisión mía. Y me quedé sin trabajo. Yo digo que fue un fracaso, porque al final el proyecto no terminó y al final tuvimos que darle las gracias a mucha gente, cosa que me dolió bastante, se trató de una crisis económica.

La crisis del 2008 nos pegó en la organización, trabajábamos en el sector de la construcción. Ese punto fue lo que me hizo, de una manera u otra entender, que había muchas variables que no estaban en mis manos.

De hecho, yo recuerdo un proyecto que teníamos en Puerto Rico, era un centro de convenciones. Ya entrada la crisis logré conseguir un proyecto más e, hicimos un edificio pequeño en México.

Me di cuenta que aunque algunas veces no se pueden controlar muchas variables, pero moviéndose, trabajando y creando nuevas oportunidades se pudo lograr o extender seis u ocho meses, un poquito más la vida de esa empresa en China. Eso me hizo darme cuenta que el trabajo no se acaba en todo el mundo; a veces se acaba en un lado, a veces se acaba en otro, pero las oportunidades y el trabajo en el mundo siguen existiendo. Depende de nosotros buscarlas.

Alejandro Miranda: ¿Cuál crees que sea, la lección más importante de esa experiencia del 2008 y de haber trabajado en esa empresa de construcción?

Iván: Darme cuenta que hay cosas que no se pueden controlar y lo que se tiene que hacer es no lamentarse, hay que saber darle vuelta a la página, moverse y encontrar otras oportunidades. La capacidad de adaptación tiene que estar en el ADN de cualquier empresario. De hecho, pudiera decir que al día de hoy el ADN de nuestro negocio ha ido cambiando año con año, entender los cambios del mercado y saber adaptarnos considero es una de las ventajas que hemos tenido como empresa y como equipo de trabajo.

Nosotros empezamos haciendo un cierto tipo de proyectos, de procesos. Hoy en día ya estamos inclusive en la parte de desarrollo de tecnología y comercialización de software, todo ello relacionado a comercio exterior y cadena de suministro. Hay que irse adaptando, aprender a leer y adaptarse al mercado, y saber analizar las necesidades de los clientes. De esta manera se puede tener la oportunidad y la posibilidad de subsistir, teniendo la capacidad para reaccionar y adaptarse a los cambios, así como tener sabiduría para aceptarlos.

Alejandro Miranda: Es un buen ejemplo este que nos das de aquel tiempo, hay algo más reciente, o alguna experiencia que hayas tenido a nivel más personal, algo al estar a cargo de tus propias empresas, ¿has experimentado algún fracaso que esté contribuyendo directamente hoy en día a lo que haces actualmente?

Iván: Sí. Fracasos los tenemos todos los días. Tal vez no algo así como un fracaso, pero creo que sucede cuando emprendes un proyecto o cuando comienzas una empresa. Yo vengo de una familia de profesionistas en la que no había antecedentes de empresarios o un ecosistema de empresa familiar con experiencia. Mi mamá es psicóloga de profesión, por mucho una de las mujeres más preparadas que conozco y una de las luces más importantes en mi vida, ella ejerció y además dio cátedra por muchos años. Mi padre fue toda una institución en la manufactura en el país. Dirigió empresas nacionales y multinacionales en el ramo de la manufactura, pero no tenía yo un ejemplo de emprendimiento, de lo que era crear, administrar y dirigir una empresa.

Creo que en nuestros inicios cometimos muchísimos errores, caray. Esto sucede independientemente de todo lo que uno estudia u de todas las clases que uno toma. Es muy fácil hablar de ser emprendedor, México es un país complicado para ser empresario, te lo digo abiertamente, es un país difícil. La falta de experiencia nos hizo cometer no uno, sino muchísimos errores.

Creo que también de haberlo visto antes, habría buscado una mentoría mucho antes.

Creo que Dios va poniendo gente en nuestro camino, va uno aprendiendo, pero la inexperiencia nos costó dinero en todas las áreas: fiscales, financieras, de operación, de ventas, de todo.

Alejandro Miranda: Nos gusta el término "líderes ocultos", así se llama el libro. Preguntarte, ¿qué se siente ser un líder oculto?, me refiero a ¿cómo es tu negocio actual, qué es lo que haces, qué tipo de personas ayudas, con qué tipo de personas interactúas?, ¿qué tipo de problemas resuelves a nivel local, nacional y global?

Iván: Ahorita nosotros a lo que nos dedicamos es a generar sistemas de cumplimiento en el tema de comercio internacional desde la parte normativa y legal, generamos y desarrollamos equipos de control estadístico de calidad así como soluciones para el facilitamiento aduanero. Nuestro trabajo es proporcionar alternativas que apoyen a las empresas a facilitar la toma de decisiones de comercio exterior por medio de la integración tecnológica y la administración de procesos.

¿Qué tipo de personas trabajan con nosotros? Creo que el común denominador de la gente que nos rodea es gente muy apasionada, gente con valores muy sólidos, muy firmes, comprometidos y con una visión que va mas allá del aquí y del ahora, nos rodeamos de mucha gente joven con una visión global a mediano y largo plazo.

La gente que está con nosotros, que empezó con nosotros hace 10 años ha visto la evolución de la empresa y eso les ha dado una visión a un mediano y largo plazo. Empezamos haciendo ciertas cosas, hoy hemos evolucionado y creo que vamos a seguir evolucionando, porque al final estamos en el tema de comercio exterior y éste crece día a día.

Mi objetivo siempre ha sido mejorar las condiciones de vida de la gente que trabaja con nosotros, ayudar en todos los aspectos; tanto en el económico como personal. A través de la creación de proyectos y trabajo, hemos ido logrando este objetivo.

Alejandro Miranda: Conozco de primera mano el nivel de responsabilidad que tienes, la intensidad con la que trabajas, lo apasionado que eres, ¿qué tipo de actividades haces para recargarte fuera del negocio?, ¿cuáles son tus pasatiempos?, ¿con qué tipo de personas te gusta pasar tiempo?, ¿qué haces afuera de tu negocio?

Iván: He sido muy selectivo con el tema de la gente con la que me rodeo. Soy una persona muy social, pero he aprendido a lo largo de la vida como dicen por ahí que, "dime con quién te juntas y te diré quién eres". He aprendido a fortalecer amistades que sé que me dejan un aspecto positivo; no hablo en lo más mínimo del aspecto económico ni mucho menos. He aprendido a tomar lo bueno de la gente porque esta vida es corta. Trato de rodearme de gente que le aporta a mi proyecto de vida en diferentes aspectos; en el aspecto emocional, en el económico, y también en el de salud.

Eso es lo que he tratado de hacer. De la misma manera hemos venido creando esta empresa. En SBE no buscamos gente que lo sepa todo, buscamos gente que tenga la disponibilidad de aprender, que tenga la pasión para hacer el trabajo y cumplir con el objetivo encomendado así como la sabiduría para reconocer los errores y querer cambiar, crecer y mejorar día a día.

No buscamos personal que puedan resolverlo todo o que ya lo hayan resuelto en otras empresas. Creo que todas las empresas son distintas y lo que hayas hecho en otra empresa no precisamente garantiza que lo vayas a poder hacer en una nueva empresa. Esto nos ha llevado a rodearnos de buena gente y a crear buenos equipos de trabajo. Creo en un equipo de trabajo alineado, de alto desempeño y con metas claras y alcanzables.

En el tema personal de ¿qué es lo que hago?, me gusta mucho leer, leer de todo, desde literatura personal hasta de formación de vida. Me gusta mucho leer la literatura de negocios, siempre estoy leyendo libros de negocios. También busco despejar la mente, trato de intercalar un libro de formación de vida con uno de literatura de negocios, con alguno en términos generales ya sea novela histórica o lo que sea, que me despeje la mente.

También corro, me gusta mucho correr. Si no corro voy al gimnasio, trato de intercalar siempre. Como hice mucho ejercicio por el tema del fútbol americano, mantengo la disciplina de correr por lo menos entre cuatro y cinco días a la semana. A veces lo que me pega mucho son los viajes, porque viajo mucho. A veces no puedo llevar una rutina como me gustaría llevarla. Como cuando estoy a veces físicamente varios días en una ciudad, es un poquito más fácil encontrar la rutina.

Alejandro Miranda: Si pudiéramos viajar en el tiempo e ir con Iván Hernández antes de que fuera un empresario exitoso, y tuvieras la oportunidad de decirle algo, ¿qué le dirías?, ¿qué consejo te darías?

Iván: ¿Qué le diría?, ¡híjole!, esa es una buena pregunta. Le diría, "sigue así y no pierdas esa pasión. Mantén la confianza, siempre mantén tus objetivos muy firmes, tus pies en la tierra y la vista en el horizonte". Yo creo que le diría eso. ¿Qué más le diría? "No te frustres tanto, no vas a poder controlar todo", porque a veces creo que en este camino hemos vivido muchas frustraciones y de una manera u otra vas aprendiendo.

"Preocúpate por encontrar una cosa que tengas que hacer para que todo lo demás se vuelva irrelevante".

He creído mucho tiempo en eso, "encuentra cuál es esa cosa que tienes que hacer y tienes que dominar, para que si cualquier cosa pasa, todo lo demás se vuelva irrelevante", eso le diría.

Alejandro Miranda: Por último y antes de despedirnos quisiera preguntarte, ¿cómo podemos saber más sobre tu negocio?

Iván: Nuestra página de Internet en SBE INSPECTION & COMPLIANCE es https://sbeinspection.com Esa es la empresa que se dedica a hacer la parte de administración de cadenas de suministros. Tenemos la fábrica de software, que es tech4trade.com y tenemos la consultora https://sbeconsulting.com.mx que es ahí donde están las diferentes líneas de negocios que tenemos, desde consultoría hasta la parte de desarrollo de software.

Alejandro Miranda: Muchas gracias Iván.

Acerca de Iván Hernández

Iván Hernández Ruiz es originario del Estado de Querétaro. Es Licenciado en Comercio Internacional por el Tecnológico de Monterrey, Campus Monterrey y cuenta con estudios de negocios en China por la Zhejiang University en Hangzhou, China y por la Fudan University en Shanghai, China.

En el 2004, Iván inició su carrera profesional en la American Chamber of Commerce Capítulo Monterrey apoyando en la consultaría de proyectos de comercio e inversión entre empresas americanas y mexicanas.

Posteriormente, Iván trabajó en Shanghai, China para la empresa danesa Sauer-Danfoss en la división de compras para la región de Asia Pacífico. Su función principal fue atender las necesidades de reducción de costos de la empresa implementando programas de desarrollo de nuevos proveedores de procesos y componentes en la región.

En el año 2007, Iván fue nombrado Representante Comercial en China de la empresa SATEC Steel Line Advanced Technologies, empresa americana del ramo de la construcción para el desarrollo y administración del proyecto de edificación de acero estructural "Puerto Rico Convention Center" erigido en San Juan, Puerto Rico.

A partir del año 2009, Iván se integra como socio y Director de Desarrollo de Negocio de la firma SBE Inspection & Compliance empresa líder a nivel nacional en el desarrollo de soluciones de Aseguramiento y Control Estadístico de Calidad, así como la creación de procesos y trabajos a la medida para empresas desarrollando negocios y proyectos entre China-México y otros países en Asia.

Hoy en día, SBE cuenta con oficinas en cinco de las principales ciudades de México (MTY-GDL-BJX-QRO y CDMX), tres oficinas operativas en China (Ningbo-Xiamen-Shenzhen), al igual que en Vietnam (Ho Chi Minh).

Desde SBE Inspection & Compliance Iván y su equipo de trabajo han asesorado a mas de 200 empresas en México y en otros países como Estados Unidos, Colombia, Costa Rica, España y Chile. Entre los clientes de SBE Inspection & Compliance encontramos a algunas de las principales empresas nacionales e internacionales de los siguientes sectores industrias: retail, calzado, confección, automotriz, productos promocionales, mueblero, electrónicos y electrodomésticos, metal mecánico, construcción, alimentos, logístico y aduanas entre otros.

En el año 2015 Iván y sus socios empiezan el proyecto de desarrollo de software Tech4Trade inicialmente planteado como el brazo tecnológico de SBE Inspection & Compliance sin embargo, Tech4Trade ha crecido a ser una plataforma independiente con ventas de exportación a China y los Estados Unidos como herramienta de Administración de Cadena de Suministro.

Actualmente Iván es miembro actual del comité bilateral México-China del COMCE Consejo Empresarial Mexicano de Comercio Exterior, Inversión y Tecnología y un apasionado de la cultura, historia y relaciones económicas y de negocio México-China y Vice Presidente de la Comisión de Comercio de la Camara de Comercio y Tecnología de la Camara Mexico-China.

Contacto Ivan Hernandez:
https://sbeinspection.com/

"Quiero formar una empresa en la que las mujeres tengan su propio tiempo, su propio espacio y hacer productos que realmente ellas lleven con honor, con orgullo, los ofrezcan y las lleve adelante"

Conversación con Hilda Elba Cortes Pérez

Alejandro Miranda: Quisiera preguntarle, si pudiéramos mirar atrás, ¿existe algún tipo de señal o indicio que usted ya poseía el ADN o el gen de un líder oculto?

Hilda: Muchas gracias por esta entrevista. Qué pregunta tan interesante me estás haciendo, realmente la fui descubriendo en el momento en que se me iban presentando situaciones en la vida. Vengo de una mamá viuda con 13 hijos, fui la tercera y tuve un negocio a los trece años con seis personas a mi mando.

En ese momento el pedimento de mi madre era que debía crecer sin haberlo hecho aún físicamente, es decir tener responsabilidades aun siendo muy pequeña. Me enfrenté a una situación que realmente me asombré ante mi propia respuesta, de mi propio manejo que empecé a tener dentro de la educación, la moral y lo espiritual que mi madre me había enseñado, esa es la respuesta que te puedo dar.

Aportaba al hogar y ayudaba a mi madre viuda, tenía negocios de dulcería, trabajé en el rubro de la gastronomía también en negocios de restaurante. Fue algo fundamental en mi vida, porque realmente eran horarios pesados y con mucha responsabilidad en el trabajo, teníamos horas de trabajo forzadas pero también era la necesidad de ayudar a mi madre. Realmente me volví, se puede decir comerciante desde muy pequeña y después seguí con la vida empresarial.

En el camino efectivamente fui creciendo en los negocios de mi mamá y me di cuenta que realmente podía manejar no solo un negocio con seis personas, sino que pude manejar cada vez más, y más.

Fue un trabajo muy duro, mi mamá empezó a avanzar con negocios dentro de la central camionera y de ahí se hizo de seis o siete negocios, recuerdo que mi madre fue condecorada como mujer del año en el sexenio de Orozco Romero.

En cada uno de sus hijos primero en los mayores, surgió un liderazgo, que todos manejábamos negocios y lo hicimos con mucha cordialidad ante la gente que nos apoyaba a trabajar, esto debido a la moral y la espiritualidad que siempre llevamos en nuestra formación.

Alejandro Miranda: ¿A qué problemas se enfrentó en ese entonces?

Hilda: En lo que respecta a restaurantes, nos enfrentábamos al tener que liderar con distintos caracteres de personas, mi mamá nos aconsejaba, nos decía "como quieres ser tratada, trata a la gente, para empezar".

El estado de conciencia en la cual me llevas a recordar, era muy inestable y más en el lugar donde estábamos, donde comenzamos a ser comerciantes y empresarios, era un lugar puedo decirte de mucha gente, los negocios eran exitosos esto nos daba mucha solvencia económica, pero tambien aprender a vivir grandes riesgos.

El mayor esfuerzo de nosotros era estar en medio de ese gran proyecto de mi madre, que era a la vez cuidar nuestro concepto moral y espiritual. Seguir trascendiendo en los negocios pero también siguiendo nuestra formación familiar.

Alejandro Miranda: ¿Quién era usted antes de ser apicultora?, ¿qué tipo de trabajos tuvo?, ¿qué problemas enfrentaba?, ¿qué metas tenía?,

Fui unas vacaciones a Michoacán y ahí conocí a un joven que se quería ir a Estados Unidos con el sueño americano. El tenía 150 colmenas y se proponía venderlas, empecé a escuchar su plática que era dirigida a todos los que estábamos ahí, pero hay una cosa que a mí me movió todo, fue como un despertar, él dijo, "las abejas dan mucha miel cada seis meses, se ordeña o se castra, dan polen, dan esto, pero también polinizan". Cuando yo escuché la palabra polinización dije, "guau!, explícame por favor más esta labor". Me la empieza a explicar, me maravilló y le dije, "quiero ir a verlas, a conocerlas". Al día siguiente me lleva, vi de cerca las colmenas, inmediatamente cuando abrió el primer bastidor y vi las abejas fue un "clic" como enamorarme de algo, me apasioné.

Me dijo: "sin las abejas no tenemos legumbres, no tenemos fruta", etcétera. Respondí "quiero ir a conocerlas". Me hace cita, vamos y cuando levanta la primera caja de miel, veo las abejas y veo todo lo que era su estructura, yo dije, "esto es una maravilla".

Me apasioné también de esos campos verdosos llenos de frutas que caían, había manzanas, cítricos, etcétera. Dije, "guau", yo ya teniendo una carrera universitaria de por medio, así como la carrera de la vida que mi madre me enseñó para manejar negocios. Dije, "esto es negocio", y esto es espléndido, porque también voy con algo que no conocía, como lo era el contacto con la tierra, la siembra, el campo. Te puedo decir que fue un "clic" que me vino en ese momento de conocer la hermosa labor de la abeja, empezando por criar y ser tan necesario en lo que aporta a nuestra propia alimentación.

Le pregunte a él: ¿cuánto tiempo me das para aprenderle yo a este oficio?", me dijo, "yo tengo prisa, son 22 días máximo lo que yo les puedo dar. Usted se queda con las abejas".

En ese momento le dije que las compraba. Regresé con la familia, y tristemente me dicen, "tú desconoces este oficio, es una locura", mi respuesta fue decirles, "nadie nació enseñado y yo voy a ser apicultora".

Ello me inspiró a buscar tener otra clase de plataforma o de oficio, era un momento para estar más en contacto con la naturaleza, porque yo solo tenía conocimiento sobre otro tipo de negocios, los de dulcería y restaurantes.

Alejandro Miranda: ¿Qué experiencia, señora Hilda, aprendió de este proceso?, ¿cómo eso repercute hasta el día de hoy en lo que usted hace?

Hilda: Fue darme cuenta como se abre la conciencia, comenzó con un interés especial, aunque ya tenía conocimiento de economía y negocios ya que era una muchacha también que tenía una licenciatura y en ese momento buscaba un cambio.

Yo había trabajado desde mi infancia, a muy corta edad con un proyecto de mi madre, había mucha gente alrededor mío, pero que en esto se me presentaba algo nuevo, de que yo iba a estar cerca de este hermoso animal, cerca de la hermosa naturaleza.

En ese momento que me invitaron y que alguien me dijera, "¿sabes qué?, ven y conoce este nuevo proyecto", sentí que iba a retomar una vida nueva. En ese momento sentí una alegría, un contagio que cuando llegó lo pude expresar. Tristemente como en todo tú sabes, dan opiniones, pero yo dije, "no, nadie nace enseñado, yo me voy a enseñar a hacer esto".

Habían pasado también dos o tres cosas muy tristes en la familia, una fue el cambio de gobierno ya que estábamos nosotros en la central camionera, que era un edificio de gobierno del estado y teniamos que dejarlo.

Lo otro fué, el cambio de sexenio y todo eso, empezamos también a sentir los incrementos en la renta, que no te aprecian, etcétera. Entonces dije, "me voy a dar la oportunidad". Además quiero decirte que en ese momento también ya era madre, una madre joven con tres hijos y uno por nacer, que es mi hijo Valentino. Entonces vi también la oportunidad de apartarme un poco y ponerles a mis hijos otro medio de vida, con más conciencia, el estar más en contacto con la naturaleza.

Un poquito más realizada a nivel mamá y a nivel personal en mi propia empresa, porque te puedo decir yo era la empresa de mi mamá, de la cual sí nos participaba, nos decía, "este negocio es tuyo", "este otro es tuyo también", pero no había el inicio de un proyecto personal. Se conjugaron todas estas cosas, para iniciar por mi propia cuenta.

Alejandro Miranda: Hablando de esas adversidades, señora Hilda, ¿hay algún fracaso que haya sido determinante para el éxito que tiene hoy en día?

Hilda: No lo voy a llamar fracaso, fíjate, que siempre en mi diccionario está la palabra experiencia. Claro que sí hubo mucho atrás, en lo que era la empresa de mi madre, al inicio yo desconocía totalmente ese negocio.

Que uno quiera ser líder, comandar una empresa sin conocimiento no es fácil. Con lo de las abejas tuve que empezar, yo no tenía la facultad económica para comprar las tierras y tuve que ir tocando puertas, enseñándome y enseñando gente, entusiasmarla. Ahí es cuando empiezo ahora a parecer como una gran líder.

Era una persona que con carisma, daba seguridad cuando hablaba y también daba a mi manera cariño, o amor a esas personas a las que les tocaba la puerta. Eran los dueños de aquellas tierras, de sembradíos de aguacates, de berries, de semillas como girasol, de árboles mezquites, etcétera, variedades que yo tenía que pedir permiso para poder poner colmenas.

También buscaba "participar" con otras personas, es cuando tengo ese llamado de no nomás obtener y hacer para mí, sino participar hacer lo que era cooperativismo. Me fijaba mucho en la mujer. Escuchaba y aprendía de ellas: "no, es que mi esposo se fue a Estados Unidos". " A ver si quiere mi suegro", etcétera.

Las contagiaba y les decía, "vámonos enseñando, es un oficio muy bonito. Tienen ustedes todo para poder en un momento levantar una buena cosecha", "¡déjeme!, ¡rénteme!", "le participo que no tenemos dinero".

"Yo puedo obtener recursos para que nos apoye SAGARPA y poner 10 usted, 15 yo, o 20 yo y 20 usted", etcétera.

Llegué tanto a entusiasmarlos que la gente se empezó a unir a mi proyecto y me fui enseñando junto con ellos. A mí me gustó mucho también formar, estudiar. Comencé a aprender las técnicas magníficas que me han llevado al éxito y es que cuando tuve ya una considerable cosecha, me vine a mi querido Guadalajara.

Me vine, abrí el mercado y con los primeros que llegué fue con los laboratorios, fue una sabiduría. Llegué con los tres más grandes laboratorios de Latinoamérica, son los que envasan la mielecita que mandan a todo al mundo, que son también los que envasan salsa catsup, mermeladas, etcétera.

Pero me dicen, "aquí no es fácil ser proveedora, aquí usted tiene que traernos analizada la miel y buenos manejos donde tiene sus colmenas". Ahí fue mi primer enfrentamiento, que yo tenía que hacerlo bien.

Tenía mucha necesidad, tanto mía como la de la gente que estaba creyendo en mí. Me tuve que enseñar, le dije, "yo quiero ser proveedora de ustedes. Díganme qué requisitos están pidiendo". Leí, era un montón de requisitos, pero dije, "a todo voy a entrar", porque tenía la necesidad. Fue un reto también de sobrevivencia puesto que yo ya en ese momento era madre de cuatro hijos.

Alejandro Miranda: Eso es liderazgo señora. ¿Qué se siente ahora?, ¿cómo se siente hoy en día usted de ser una líder oculta? Lo que es usted actualmente, ¿qué se siente? Descríbanos un poquito ¿cuál es su negocio actual?, ¿a qué tipo de personas ayuda?, ¿qué problema resuelve con esta maravillosa empresa que usted tiene?

Hilda: Me emociono mucho, porque cuando pedí al Supremo, al dador, soy católica, le dije, "si me ayudas yo voy a ser un instrumento tuyo y quiero ayudar", esa fue mi palabra, fue como un convenio que hice con él. Llego a tener éxito, me siento muy beneficiada, pero siempre con una visión y misión que era ayudar a la mujer, porque yo como mujer, como madre, como abuela, como empresaria, conozco mucho de todos los conocimientos y necesidades de una mujer.

La mujer para mí es un ser noble, necesitada. Somos amor y somos las que llevamos un poco más a nuestra mesa, a nuestros hijos. De ahí, mi misión, inclusive cuando yo vi las 150 colmenas dije, "¿cómo voy a llamar a mi empresa?", en ese momento dije, "Abeja Reyna", porque me identifiqué mucho con la abeja reina.

La abeja reina es la abeja que más dura, la abeja obrera dura 40, 45 días, la abeja reina dura de cuatro a cinco años. Me he identificado con ella y dije, "Abeja Reyna". Mi misión y visión fue siempre de ayudar a la mujer, más a la mujer de 30 o de 40 años, porque conocía por mi oficio anterior siendo empresaria de un restaurante, que a las mujeres de 38 a 40 años no les daban trabajo. O que eran madres, que eran abuelas, que eran tías, tenían compromisos en su hogar y que no podían ellas lograr ni siquiera llevar algo más, o tener un proyecto de vida mejor. Poniéndome en ese momento a nivel de toda la mujer dije, "quiero formar una empresa donde ellas tengan su propio tiempo, su propio espacio y hacer unos productos que realmente ellas lleven con honor, con orgullo, los ofrezcan y las lleven adelante".

Dije, "este pastel por si un día llego a tener éxito no va a ser para mí. Voy a repartir en tajadas grandes". Te puedo decir que lo sigo haciendo y lo voy a seguir haciendo. Mis hijos están preparados para ello, porque formé una familia de conciencia.

Mi primer proyecto en mi vida fueron mis hijos, porque mucha gente me decía, "señora Hilda, usted puede estar millonaria".

Si yo hubiera descuidado a mis hijos, quizás con ese dinero no hubiese podido tener esa maravillosa empresa de conciencia que tengo ahora, por los hijos que tengo maravillosos y conscientes, que estamos haciendo cosas muy bonitas en nuestra vida, en nuestro camino, que es primero, cuidar a las abejas y dar a conocer la importancia que tienen ellas ante el mundo.

Hacer conscientes a todas las personas que el día de hoy están mal informadas y dar un poco a lo que es la conciencia del cuidado a nuestra Tierra, la necesidad tan grande de cuidarla. También te digo, mi empresa se ha vuelto cuna de líderes, porque si llega una persona en ese momento le saco lo mejor de ella, aprendo de ella, me enseña cosas tremendas que ni ella misma había descubierto que podía llevarlas adelante.

Alejandro Miranda: Usted es una líder, tiene una actividad muy dinámica, tiene una empresa muy bonita, tiene grandes responsabilidades. ¿Qué hace usted para recargarse de energía?, ¿qué hace fuera de su negocio para tener esa vida que lleva?, ¿cuáles son sus pasatiempos?, ¿con qué tipo de personas pasa usted tiempo fuera del negocio?, ¿cómo le hace usted para recargarse física, espiritual y emocionalmente?

Hilda: Alejandro, estás haciéndome una pregunta muy interesante. Donde me realimento es en el santuario de mi casa, cuando llegan mis hijos que ya crecieron y están ausentes, haciendo las cosas que a ellos les gusta, ahí me reubico dentro de mí.

¿Qué crees? Sigo todavía trabajando muchísimo para crear proyectos, pensando en qué más puedo brindarle a la humanidad, a mis mujeres, pero también haciendo proyectos interesantes para este México que amo tanto. Allí es donde, dentro de mi fuego espiritual, como que retomo fuerzas, unas fuerzas increíbles que hasta mis hijos me dicen, «mamá, agarras un proyecto y hasta temblamos porque no lo sueltas».

Soy mujer apasionada, soy mujer muy entregada, soy mujer responsable. A todas las personas que llegan a AR Productores Abeja Reyna, las veo como si fueran mi familia.

Alejandro Miranda: Si pudiéramos retroceder en el tiempo, si tuviéramos la oportunidad de darle un consejo a una versión de Hilda Cortés anterior a lo que es usted hoy, ¿qué le diría?

Hilda: Le diría, "vive, sueña, proyecta, ayuda y ama". Siempre se lo diría, porque fue para eso a lo que vine.

Alejandro Miranda: Qué bonito.

Hilda: Te quiero agradecer mucho. Eso es, haría lo mismo que estoy haciendo ahora. Me hubiera gustado haber empezado, eso sí, quizás hasta todavía más atrás con este oficio que me ha dado cosas maravillosas. Empezando por la conciencia que tengo ahora de cuidar nuestro medio ambiente, de hacer mucho por la humanidad y hacer mucho por mi México que amo tanto.

Yo les digo a todos mis hijos, "hay que hacerlo bien hijos y hay que poner muy arriba a nuestro México". Necesitamos gente que se una o unirnos para tener un México de paz y de progreso. Porque se lo dije a un Presidente, "México está en todas las mesas del mundo. Si son lo que comen, todos son México".

Alejandro Miranda: ¿Cómo podemos saber más sobre su negocio?, ¿cómo podemos saber más sobre Abeja Reyna?

Hilda: Abeja Reyna es una empresa que cuidamos de las abejas, y damos muy buena protección y manejos para ellas. Estamos ahorita en un proyecto para poder ayudar a los hermanos apicultores, para que lo hagan bien.

Estamos innovando con miel en polvo y miel granulada, somos innovadores mundiales, otros países trataron de hacerlo, pero no lo hicieron bien. Con mucho gusto te repito que estamos ahorita enlazados con toda la gente del sur del país, en cuestión de apicultura para ayudarlos y vamos a sacar toda esa miel rezagada que tienen, ese atolladero, porque no los dejaron exportar.

Abeja Reyna está preparada para hacer la miel en polvo miel granulada, mandarla a todo el mundo y que nadie detenga esa miel de México, que es tan reconocida mundialmente, es tan buena.

Aparte, traigo otro proyecto, quiero poner santuarios en toda la república, santuarios que nos resguarden a las abejas. Que protección civil y los bomberos no nos las maten con agua y jabón, sino que tengan en ciudades o en pueblos santuarios, donde las depositen y vayamos nosotros los apicultores, como nos hagan llegar para seguirlas acrecentando.

La abeja no se va a escasear en México, te lo digo con seguridad, porque estoy tratando de levantar la voz, invitar a toda la gente que pueda tener, si nos dan los permisos el gobierno, como anteriormente se hacía, que en un huerto, en un jardincito se podían tener una, dos o tres colmenas.

Cuando viajé á París me quedé muy admirada que hoteles de cinco estrellas tenían cocina Michelin y tenían ahí sus tres, cuatro o cinco cajones de miel. Era una cosa grandiosa, hasta vendían la mielecita y a sus comensales les daban la que sacaban. Me pregunté ¿por qué en México no? Tenemos una cadena de hoteles muy prestigiados y los quiero convidar para que ellos pongan y llevemos esa propuesta.

Que en todo huertecito de una familia, también se les enseñe a manejar la abeja. Que no le tengan miedo, que la abeja africana, que esto, que lo otro. La abeja africana fue un accidente que trajo una persona de Brasil, la trajo de África. La abeja africana, claro, era una abeja más salvaje donde por naturaleza tenían que defenderse, porque en África cuántos animales no hay que la atacan, entonces se volvió agresiva.

Retomándola aquí en nuestro México, es como darle la bienvenida y que sea otro ambiente, que se acabe eso, porque la abeja africana es muy trabajadora. También te digo, la importancia sobre el conocimiento de la abeja Apis que no tiene aguijón, a ella la pueden tratar niños, adultos, ancianos, jóvenes y que es la riqueza maya que tenemos, que no la han explotado como debe de ser. Explotado en el sentido de la palabra de reconocer, de hacerla crecer y que nos dé esa mielecita que es tan reconocida en países como Alemania. La miel ayuda a bajar la presión alta del ojo, ayuda a reducir la carnosidad en el ojo, a limpiar todo el iris y también las cataratas.

Abeja Reyna está lista para apoyar a esas familias que están en las zonas rurales y hacerles ver que tienen algo maravilloso y que pueden llegar a manejar como debe de ser.

Estuve con 900 mujeres en Yucatán hablando, platicando con ellas, voy a ir dos o tres veces más y voy a enlazarlas con

SAGARPA para que reciban grandes apoyos y poder llevar a cabo esos bancos, porque quiero que las familias se nutran, se enseñen, se unan, que no se vayan a otros países y que realmente se sustenten también económicamente, porque nuestra miel es muy bien pagada en el extranjero y también en México.

Te quiero comentar Alejandro que Abeja Reyna ha logrado importantes reconocimientos de Forbes Mexico, MC Challenge, Reto Zapopan, Premio Adolf Horn al empresario joven del año, YLAI Young Leader of the Americas Initiative entre otros.

Alejandro Miranda: No me queda más que agradecer su tiempo, por abrirme las puertas de su empresa, estoy muy agradecido que usted haya aceptado formar parte de este proyecto que busca reconocer a los líderes que tiene nuestro país, nuestra región, ¿hay algo que quisiera agregar?, ¿algo con lo que quisiera usted cerrar?, ¿algo que quiera decirle al lector, a todo aquel que esté en contacto con esta obra?

Hilda: Decirle que todos los seres humanos tenemos un gran potencial, nada más hay que descubrirlo y esto es realmente pensando muy adentro de ti, si tú quieres formarte un poco, es decir primero yo, pero también decir, "¿en qué puedo apoyar a mi familia?, ¿cómo puedo apoyar a mi ciudad?, ¿cómo puedo apoyar a mi país?".

Se está reconociendo que nosotros los mexicanos somos muy creativos, trabajadores y yo le digo a mis jóvenes, sí está padrísimo la tecnología, de verdad es una bendición, pero que retomen realmente lo que los va a llevar al éxito. Reconociendo ellos lo que quieren hacer y teniendo algo sustantivo en sus proyectos, trabajando, que sean responsables y apasionados, lo van a lograr, que no pierdan su tiempo.

El tiempo te cobra y te cobra muy bien, mi recomendación para todos los jóvenes, los seres humanos, las mujeres adultas, es que sigan sus sueños. He hablado mucho con personas que por "x" causa se meten a un trabajo y tienen la ilusión de pensionarse y retirarse, pero realmente es un tema que lo estoy tocando mucho, porque ahorita actualmente tener 60 años o más, no es ser viejo, no es ser anciano como se consideraba tiempo atrás.

Hoy en día un hombre o mujer de 60 años, con creatividad, pueden hacer maravillas, porque traen tras de sí un gran camino recorrido, gran experiencia y eso aplicándolo a algún proyecto en específico, no sabes cuantas maravillas se pueden lograr. Si ya alguien se salió de una empresa, trabajo u oficio, es importante buscar algo, para estar activos, ese es el mensaje que me gusta dar.

Hay mucho dinero federal, en otros países existen también asociaciones que dan apoyo para buenos proyectos como la UNESCO, hay organizaciones que te apoyan, pero hay que irlos a buscar.

Siempre les digo, no te van a ir a buscar las secretarías para decirte, "tengo este apoyo por si tienes un proyecto", hay que estar atento a ver en qué están apoyando a los jóvenes, mujeres, adultos mayores que quieran seguir adelante. Hay que estar al tanto siempre. Desearles éxito pero sobre todo que sean personas apasionadas en lo que hacen.

Voy acabar con esto, para mí el hombre merece mi admiración y respeto, porque en la naturaleza, el hombre es el sol, nosotras las mujeres somos la luna.

Alejandro Miranda: Muchas gracias señora. Muy amable.

Acerca de Hilda Elba Cortes Pérez

Hilda Elba Cortes Pérez, es la reina de las abejas, mujer, madre, abuela, empresaria, apasionada, empoderada y amante de su país, México.

Fundadora apicultora de Abeja Reyna con una trayectoria de 33 años en hermosos campos mexicanos, adquirió en Michoacán sus primeras 150 colmenas, sin tener la experiencia, al introducirse en el medio se enamoró de la profesión y las abejas.

Empezó hacer cooperativismo principalmente con personas adultas mujeres, que eran los dueños de estos campos, ofreciéndoles financiar las primeras 5, 10, 15 o 20 colmenas, que les ponía a ellos; también con la disposición de que la apoyaran para poner colmenas también en sus campos.

Al entrar al mercado de la miel en Jalisco, descubrió otro mundo, se fue al extranjero a estudiar cosmetología para innovar en el negocio, fue así que comenzó con la alquimia de las abejas llevando tres líneas: Cosmetología, Nutrición y Salud.

Sus hijos al terminar sus carreras se unen a ella cuando participó en el primer llamado Reto Zapopan, de la cual fue ganadora. En un segundo llamado, su hijo participó con "Santa Colmena" miel en polvo, de la cual se han llenado de éxito y de entusiasmo puesto que le dieron un valor agregado a este insumo y se ha realizado de la mejor forma para una vida diaria, es el primer endulzante que nos da salud y energía por todas las bondades de la miel.

Actualmente tiene un proyecto para unirse con apicultores, para ver los cuidados de la producción de apicultura, tener certificaciones y así posicionarnos no sólo ser "La Miel de México", sino ser La Miel Unidos Apicultores, teniendo como mensaje el deber como ciudadanos mexicanos de belleza en nuestros campos, y qué mejor que con este animal que es importante que nos da salud y vida.

Contacto Hilda Elba Cortes Pérez
www.abejareyna.mx

"Las finanzas no son de los bancos, no son de las casas de bolsa, no son del gobierno, las finanzas son de cada persona, de cada familia, de cada comunidad"

Conversación con Alicia Márquez

Alejandro Miranda: Viendo hacia atrás, ¿existía algún tipo de señal o indicio en ti, que poseyeras el ADN del líder oculto?, ¿hay alguna circunstancia en tu vida, en la que pudiste tener esa visión?, ¿tienes algún ejemplo de historias de tu infancia?, ¿existe algún suceso que te haya hecho ver que llevas dentro de ti el gen de una líder?

Alicia: Sí, hay cosas que sí me marcaron un poquito. De niña me toca a mí crecer prácticamente con mi mamá y con mis abuelos. Yo era la mayor de un grupo de primos que nos reuníamos cada semana. Era muy común como ya sabrás en las familias que me decían, «te encargo a los chiquitos». En lugar de sentir esa molestia de, «¿por qué me toca cuidarlos a mí?», yo veía que me gustaba. No era de cuidarlos tipo niñera, sino que me gustaba enseñarles, ahí me di cuenta que eso de enseñar se me ha dado desde chica.

Alejandro Miranda: Finalmente es servicio, ¿no?

Alicia: Así es, finalmente es servicio. Para todo era la maestra. Desde ahí recuerdo que me gustaba mucho enseñar.

Alejandro Miranda: ¿Cómo eras antes de convertirte en lo que eres hoy? Una experta en educación financiera.

Alicia: Yo sabía que me gustaban los números. De niña recuerdo que jugaba a ser cajera de un supermercado. Controlaba muy bien la parte del dinero que llegaba a mi caja y sabía hacer cortes de caja. Investigaba cómo se hacía, qué se hacía con ese dinero. Tenía mi propia cajita registradora, recuerdo que hice una cajita registradora de cartón, sabía que me gustaba el dinero.

Conforme fui creciendo, se va marcando en mi más el dirigirme hacia estudiar algo relacionado con el dinero y ándale que Dios me permite entrar a la Universidad a estudiar finanzas, Administración Financiera. Al terminar la carrera, me pregunté, "¿cuál es el mejor lugar donde se puede desarrollar lo que aprendí? En un banco". Hice trámites para entrar a un banco y bendito Dios, quedé ahí en un banco que es uno de los más importantes aquí en México, y allí inicia mi carrera en el banco.

Creo que algunas carencias que existieron en casa de cuando yo era niña, marcaron mucho el qué quería yo que sucediera en mi vida cuando fuera adulto. Recuerdo que decía, "en mi familia hubo antecedentes de haber tenido abundancia económica, pero por malas decisiones financieras se acabó. Esto debido a malas decisiones, vicios y deudas".

Eso marcaba mucho mis decisiones y decía, "yo no quiero que me suceda algo así, tengo que cuidar el dinero". Mi primera necesidad era simplemente cuidar el dinero. Me convertí en una persona que trabajaba mucho y que procuraba guardar o ganar más. Todavía ahí no tenía claro lo que realmente era libertad financiera. Solo era esa línea de guardar dinero para evitar que me pasara lo que ya había sucedido en mi familia.

Yo fui una persona que trabajaba mucho, pero que también guardaba meramente dinero. Entonces sucede un parteaguas, mi trabajo en el banco me permite ir creciendo no solo creciendo en ingresos, sino también en puestos. Me fui metiendo en lo que yo llamo hoy, "el riel de las finanzas". ¿El riel qué es? Que conforme uno va ganando más, va gastando más. Llegó un punto en el que no importaba que yo generara más dinero, yo lo designaba a más gasto mensual.

Tuve también la bendición de que el banco me pagó mi maestría y me pagó un diplomado en España. Me sentía de alguna forma privilegiada en decir, "estoy en el lugar donde puedo desarrollar lo que aprendí. Aparte me ha ido bien en el crecimiento laboral y en el crecimiento en dinero". Ahí se genera ese parteaguas al decir, "ya logré lo que quería, generar más, ganar bien, ahora es tiempo de gastar".

Empecé a gastar, gastar y gastar hasta que terminé con un sobre endeudamiento excesivo. Si tú me preguntaras, "¿qué era Alicia antes?", me doy cuenta que, a pesar de tener conocimientos universitarios en finanzas y de trabajar en un banco, ninguno de esos conocimientos me sirvió para no cometer los errores de alguien que se va metiendo en ese riel de, "gano más, gasto más", esa era antes.

Los acontecimientos posteriores son los que hicieron que me convirtiera hoy en una persona consciente, lo que más me ha marcado es la conciencia de que tenemos que tener educación financiera, justamente para no caer en esa circunstancia que yo caí y luego, poder lograr lo que llamamos libertad financiera.

Alejandro Miranda: Atendiendo a eso Alicia, ¿hay alguna situación particular en tu vida?, ¿algún factor externo, alguna persona que conociste, algún libro que hayas leído que te haya motivado a finalmente convertirte en una especialista en temas de educación financiera y asesor financiero personal?

Alicia: Efectivamente, hay una situación negativa y una positiva. La negativa fue que los últimos cinco años de mi vida en el banco, me tocó estar en un área atípica del banco, que se llama, "Activos no financieros". Esa área poca gente la conoce y se encarga de recuperar los inmuebles de las personas que piden créditos hipotecarios y que no pueden pagar. Llegaban a mi área, yo era directora de esa área, ya me tocaba estar encargada de cinco estados de la república, de toda la parte desde Occidente al Bajío.

Me tocaba recibir los inmuebles que la gente no podía pagar y mi labor era venderlos, para volverlos a convertir en dinero. Poco a poco me fui empapando un poco más de la situación y me daba mucha tristeza ver cómo yo recibía un inmueble y pensaba, "este es un inmueble que podría haber sido el patrimonio de alguien y que lo adquirió pensando en una ilusión, en un patrimonio, lo está perdiendo y por eso llega a mí".

Cuando yo recibía solo los papeles, sí lo sentía, pero no lo percibía como tal, hasta que desafortunadamente, como apoderada del banco, me toca estar presente en algunas adjudicaciones. Tú sabes que la adjudicación es cuando ya le quitan el inmueble a la persona, incluso se llega al punto del desalojo. Me toca estar presente en una adjudicación y para mí fue impactante ver cómo ya estaban las autoridades para hacer el desalojo.

Una familia, en la que una mamá con unos pequeños, estaba con sus cosas fuera de la casa y ella decía, "el banco me quitó mi casa". Para mí eso fue un parteaguas, ver cómo una familia estaba sufriendo porque ya estaba perdiendo su patrimonio. Desde allí empecé a cuestionarme, "¿quiero ser parte de esto?,

¿para esto estudié finanzas?, ¿para ver cómo la gente, en lugar de venir a encontrar una solución para su vida en los bancos, vienen y encuentran esta desgracia?".

Para mí fue impactante ver algo así. A eso súmale trabajar 12 horas, ya trabajaba mucho. Empezó a deteriorarse mi salud, no comía bien, no dormía bien. En un viaje que tuve, porque a mí me tocaba visitar Estados aledaños, tuve un accidente automovilístico y me di cuenta que fue por estrés, por exceso de trabajo, me quedé dormida manejando en la carretera, porque no comía bien.

Recuperándome de ese accidente automovilístico fue que empecé a cuestionarme, "¿qué estoy haciendo?, ¿realmente estoy donde quería estar?". Yo quería trabajar en un banco y lo logré, logré un puesto importante, es que eran puestos específicos en el banco, solamente había cinco puestos como el mío a nivel nacional. Al final concluí, "no me alimento bien, tuve un accidente, soy parte de que la gente pierda su patrimonio, no disfruto a mi familia, no estoy viviendo lo que quiero vivir". Eso para mí fue un parteaguas.

Justamente en esa recuperación me regalan un libro que se llama, *El Hombre más Rico de Babilonia de George S. Clason*. Es muy común, pero me impacta cuando en ese libro leí una frase que dice, "¿cuántos soldaditos o esclavitos has podido hacer para que generen para ti?". Esa fue la parte positiva dentro de todo lo negativo que me hizo despertar y decir, "como persona no estoy en el lugar que quiero y aparte no he generado inversión, no tengo soldaditos que trabajen para mí".

Alejandro Miranda: Perdón Alicia, ¿podríamos decir que esa es la lección? ¿El "no tengo soldaditos que trabajen para mí"?

Alicia: Sí.

Alejandro Miranda: ¿Cuál podrías decirnos que fue la lección más importante de esa experiencia?

Alicia: Que yo llegué al punto de trabajar 12 horas, pero en lugar de que todo ese trabajo fuera en positivo, estaba deteriorando mi salud, deteriorando mis relaciones con mi familia y no tenía soldaditos, este libro me hizo reflexionar, "¿tienes soldaditos que generen para ti después de todo este esfuerzo y trabajo diario?". ¡No!, no tengo, porque no tenía ni ahorros, ni inversión, me lo gastaba todo en gasto corriente y pago de deudas.

Alejandro Miranda: ¿Has experimentado algún fracaso que haya contribuido directamente a ese éxito a lo que eres en la actualidad? Veo que estuviste endeudada, pero ¿hay un fracaso que te haya hecho sentir un parteaguas en tu vida en relación con lo que eres ahora?

Alicia: Creo que si habláramos de fracasos, te diría que no. Sin embargo considero un fracaso en mi vida el que llegué a estar endeudada a ese nivel, porque para mí es impactante decir, "Ali, eres maestro en finanzas y aun así terminaste en esta situación de deuda tan fuerte". Realmente ya no me alcanzaba el sueldo para pagarla. Ese para mí es un fracaso. Te acuerdas que mencioné que yo estudié para eso, para evitar que yo tuviera que repetir los errores que había visto en mi familia.

Alejandro Miranda: ¿Cómo te sientes hoy en día, Alicia, de ser una líder oculta?

Alicia: Me siento sumamente afortunada y bendecida, muy afortunada, sé que pocas personas tenemos la oportunidad de encontrar y poder dedicarte a algo que te apasione. Aparte la bendición de que eso que te gusta y te apasiona, sirve a los demás, lograr el servicio. Soy testigo fiel que cuando te entregas al servicio, lo demás viene por añadidura.

Alejandro Miranda: ¿A qué tipo de personas ayudas Alicia, y qué tipos de problemas resuelves?

Alicia: En el ámbito de las finanzas, hay muchos colegas que se dedican a la asesoría financiera, pero les gusta dedicarse a la asesoría financiera en grande, cuestiones bursátiles, cuestiones inmobiliarias y obviamente buscan un perfil del cliente que esté en esos niveles, ¿por qué?, porque dedicarte a la enseñanza de las finanzas a gente que no tienen los recursos, no es rentable, me ha tocado desafortunadamente que colegas me digan, "no Alicia, eso no es rentable", lo entiendo, pero es algo que yo no comparto.

Me di cuenta que realmente donde estaba el hueco más fuerte era en donde están las personas vulnerables, en comunidades muy pobres, que efectivamente de por sí, con lo que ingresan es muy poquito y aparte de ese poquito, al no tener una cultura financiera, también se les va en deudas y no tienen ningún conocimiento para generar más, ya sea con recursos propios o con recursos que les puedan proporcionar en las comunidades donde viven.

Ellos no van a tener nunca las oportunidades que podemos tener los demás. Entonces me di cuenta que tenía que llevar la educación financiera ahí. Parte de lo que hago, hoy te comparto, que la mitad de mi trabajo es de donación.

Es decir, procuro ir a comunidades, me acerco por medio de las parroquias o fundaciones a comunidades vulnerables donde trato de enseñarles un poquito sobre cómo ir disminuyendo sus deudas, cómo entenderlas, cómo hacer una reestructura, cómo iniciar un ahorro, cómo iniciar generadores de ingresos con sus propios medios. Esa es parte de mi labor llegar a comunidades donde no tienen acceso a esta educación. Pero ahora sí que me ha tocado que se acerquen a mí, personas de cualquier estrato social y con cualquier tipo de conocimientos.

Alejandro Miranda: De toda esta actividad tan intensa que tienes a nivel profesional, ¿qué haces para recargarte fuera de tu actividad de negocios?, ¿cuáles son tus pasatiempos?, ¿con qué tipos de personas pasas tu tiempo? Cuéntanos un poco.

Alicia: Me gusta mucho aprender y cuando estoy en momentos tranquilos, me gusta mucho ir al cine, me gusta ver películas con mi familia, con mi esposo, con mi hijo. No soy buena para hacer ejercicio, aunque debo hacerlo, pero no soy buena para eso. Me gusta mucho relajarme leyendo, aprendiendo más y aunque suene curioso, para mí, estos son los momentos que me relajan.

Alejandro Miranda: Si tuviéramos ahora la oportunidad de volver en el tiempo y pudieras darle un consejo a Alicia Márquez, en una versión mucho anterior a la actual, al éxito que estás viviendo hoy en día, ¿qué consejos le darías a esa versión de ti misma?

Alicia: Definitivamente que no perdiera tanto tiempo. Casi los primeros 10 años que trabajé en el banco, recuerdo que me enfocaba mucho en ganar más, porque yo seguía sintiendo que no me alcanzaba, que no era suficiente. Hoy veo que esa es una carencia en las personas que sentimos que no ganamos suficiente, cuando lo real es que no administramos correctamente.

Si yo pudiera regresar el tiempo, yo me diría, "¿sabes qué? deja de trabajar 12 horas y empieza a servir", eso fue lo que me costó trabajo aprender, que realmente hay una satisfacción muy bonita y un crecimiento personal cuando destinas lo que tú haces al servicio de los demás. Si, al regresarme me diría eso, "¿sabes qué? cuidado con esto y dedícate a servir con lo que tú sabes, los conocimientos que tienes y verás cómo lo demás llegará por añadidura".

Esa aparente abundancia que yo deseaba y que pensaba que solo llegaba con trabajar 12 horas, hoy te puedo decir que trabajo la mitad de ese tiempo, tengo mucho más abundancia de todo, intelectual, espiritual y económica que antes.

Alejandro Miranda: ¡Guau! ¡**Agregar** valor a lo que haces!

Alicia: Sí. Simplemente ayer por la noche, a las 8:00 pm me contactan unas personas de la Comunidad Valora, no sé si tengas oportunidad de conocerla acá en Guadalajara y me dicen, «Ali, fíjate que aquí tenemos un hermanito que acaba de intentar un suicidio», y le digo, «¿por qué?», entonces me contestan, «por tantas deudas que tiene».

Ayer a las 8:00 pm voy a su casa, platico con él y con su familia, vemos su situación, identificamos que sí hay alternativas para salir adelante y obviamente eso lo haces sin esperar algo. Es increíble como el día de hoy, de la nada surgen también oportunidades de trabajo. Muy seguido me toca decirme, "híjole mi Dios, qué rápido me regresas lo que tú me mandas a hacer". Porque soy fiel testigo de que una vez que tú pones tu conocimiento al servicio de los demás, todo lo demás va a llegar por añadidura.

Alejandro Miranda: Qué bonita historia Alicia y para finalizar, ¿cómo podemos saber un poco más sobre tu negocio, sobre lo que tú haces?

Alicia: En Facebook me encuentran como Alicia Márquez y también ya tengo un canal de YouTube donde voy compartiendo día con día, videos sobre educación financiera para que aprendamos a ver las finanzas de una forma diferente, que no solo sean los números, porque algo que decimos todos, "suena muy padre eso de las finanzas, pero a mí no se me dan, no son para mí, no las entiendo".

Los temas que trato justamente, tanto en los vídeos que puedes ver en mi página de Facebook, como en el canal de YouTube, es eso, es enseñarnos a ver las finanzas de una forma diferente y entender que todos somos financieros, porque todos tomamos decisiones con dinero, nada más que nadie nos ha enseñado las estrategias correctas, porque no hay educación financiera aquí en México y debería de haberla desde kínder.

Ahí es donde podemos aprender. Y si quisieran algo un poquito más especializado, ahí siempre están mis datos o está la información de los siguientes talleres, o de las siguientes conferencias. Porque escuchamos finanzas, pero he tratado de segmentarlos, de desarrollar talleres de finanzas para niños, para los papás de los niños chiquitos, para enseñarles cómo deben enseñar finanzas.

Hay finanzas para adolescentes, para millennials, para adultos, de las más importante, para novios próximos a casarse, porque eso es todo un tema en finanzas, iniciar una familia o vivir en pareja, o iniciar con una pareja la parte financiera y no ser parte de la estadística que dice que el 76% de las fracturas familiares o divorcios, tienen que ver con dinero y hasta llegar a talleres de finanzas para pensionados.

Alejandro Miranda: Veo que estás en Facebook, en Instagram como, "el lado fácil de las finanzas".

Alicia: Sí, así.

Alejandro Miranda: En Twitter como @AliciaMarquezgf, ¿correcto?

Alicia: Así es.

Alejandro Miranda: De antemano te agradezco tu tiempo, ¿algo más que quieras agregar para la gente que leerá este libro?

Alicia: Primero agradecerte porque pienso que de alguna forma estamos buscando también darle valor agregado a lo que hacemos y ponerlo al servicio de los demás. Siempre he considerado que son muchas las batallas y pocos los soldados.

Quisiera agregar que entendamos que las finanzas no son de los bancos, no son de las casas de bolsa, no son del gobierno, las finanzas son de cada persona, de cada familia, de cada comunidad, porque desde los tres o cuatro años ya estamos tomando decisiones con dinero y entender que no nos enseñan, no hay una educación financiera, la tenemos que buscar nosotros y propiciar nosotros esa formación en la familia.

Alejandro Miranda: Muchas gracias Alicia.

Acerca de Alicia Márquez

Maestra en finanzas por la UVM con diplomado en logistica financiera por la Universidad Europea de Madrid, después de laborar 17 años en la banca me di cuenta de la importancia y la falta de educación financiera en nuestro país, por ello desde hace 6 años me desempeño como tallerista y conferencista en temas de finanzas personales para cumplir con mi misión de llevar la educación financiera a las más personas posibles y con ello complir con mi propósito de contribuir a generar riqueza en nuestro país.

Sin importar a que nos dediquemos en la vida, somos financieros desde muy temprana edad ya que empezamos a manejar dinero y al crecer, todos los días tomamos decisiones con dinero, por ello la importancia de tener conocimientos en finanzas personales y conocer las estrategias que nos puedan llevar a tener tranquilidad, seguridad y libertad financiera.

Contacto Alicia Márquez
www.aliciamarquez.com.mx

"Creemos que somos aquello que vivimos como si se tratara del destino pero quizá si escuchamos atentos, nos daremos cuenta de que hay algo dentro de nosotros que nos dice "no, no es asi"".

Conversación con
Claudia G. Franco Bernáldez

Alejandro Miranda: Claudia, gracias por ser parte de este proyecto. Preguntarte primero, si pudiéramos volver hacia atrás, ¿ves en tu vida algún tipo de señal o indicio de que ya poseías el ADN o el gen de un líder oculto?

Claudia: No lo sé exactamente, pero recuerdo que escuchaba algunos comentarios de mis maestros en la primaria y en la secundaria con referencia a mi desempeño. Sin esperarlo, ni hacer nada deliberadamente para provocarlo, decían que era una niña estudiosa o inquieta, una niña valiente y aventada, así lo decían.

Hay una escena en particular en mi mente. Cuando estaba en la secundaria tenía 14 años, estaba en mi clase de literatura y mi maestro Roberto Navarro, aún recuerdo su nombre, me pasó al frente de la clase a leer un fragmento del "Mahabharata", el poema más extenso de la literatura hindú y después me pidió leer el segundo, el "Ramayana".

Él era locutor, trabajaba en la radio, le llamó la atención mi voz y me dijo, recuerdo perfectamente, tengo la imagen en mi cabeza: «llegarás muy lejos usando tu voz, nunca lo olvides, tienes voz de locutora»… me estaba tomando de los hombros. Una vez que terminé el fragmento, el poema, él tomó mis hombros de nuevo y me movió un poco, quizá para anclar esa frase en mi corazón.

Pasó el tiempo y a los 16 años, me pidieron que hablara ante un grupo de jóvenes de mi edad en un encuentro espiritual juvenil. El texto tenía que ser de mi autoría y lo titulé: "¿Qué te pide Dios como persona?" ahora lo digo y pienso… ¿A los 16 años escribiendo eso? Se me hace como algo muy loco. La respuesta del grupo fue sorprendente y los comentarios de mis guías me dieron señales de que había en mi algún tipo de semilla de liderazgo. Creo que desde ese momento mi vocación estaba lista para ser descubierta. Pese a cualquier circunstancia yo sería comunicadora de ideas, de conceptos que estuvieran íntimamente ligados al desarrollo humano.

Entonces decidí estudiar. Primero, Ciencias de la Comunicación, luego un Master en PNL, después Semiología de la Vida Cotidiana. Ahora estoy cursando la licenciatura en Filosofía y todo mi trabajo está enfocado en la producción y divulgación de contenidos con enfoque en el desarrollo humano.

Alejandro Miranda: ¿Quién eras antes de convertirte en lo que eres?, una gran comunicadora, escritora, semióloga.

Claudia: Si pienso en mí como estudiante, fui una estudiante sobresaliente, pero era muy exigente conmigo. Era muy dedicada, estaba muy enfocada, era también muy curiosa e inquieta, siempre quería saber más. Nunca me quedaba con un "no", como última respuesta. Me gustaba liderar equipos de trabajo en la escuela.

Pasaba tiempo en bibliotecas, en casas de cultura, buscando. Me hacía preguntas "raras" para mi edad, quería comprender el mundo y al hombre. Desde entonces escribía. También era una chava social, era muy cercana a mis compañeros y curiosamente, terminaba siendo la amiga consejera. Era como aconsejarme a mí al mismo tiempo.

Alejandro Miranda: Veo y sé, que fuiste una estudiante sobresaliente, pero, ¿cómo eras?, ¿trabajaste cuando eras más joven?, ¿qué tipo de trabajos tenías?, ¿qué tipos de problemas enfrentaste?, ¿cuáles eran tus metas en ese entonces?

Claudia: Mi primer trabajo formal no tiene nada que ver con lo que soy ahora, imagínate, tenía 16 años, fui cajera de un mini mercado. Buscaba el dinero para estudiar y para ser independiente, eso quería. Al mismo tiempo, hacía gelatinas de durazno y las vendía en un gimnasio donde también daba clases de aeróbicos y ese dinero lo invertía en clases de inglés.

Recuerdo que también trabajé, empacando erizo, después en una imprenta, tenía prisa por forjarme un futuro. Todavía no entraba a la universidad y después de ganar una audición para colaborar en una estación de radio, empecé a trabajar en una emisora con un programa de radio semanal, así se cumplía la profecía de mi maestro de literatura de la secundaria.

Para entonces ya tenía 19 años. Empecé a escribir, producir y vender la publicidad sin todavía estudiar la carrera, pero eso me permitió después, estudiar y trabajar al mismo tiempo. Tenía muy claro que quería prepararme porque sabía que, a partir de una buena preparación, podría salir de mi ciudad natal, que era una ciudad muy pequeña y desarrollarme en ámbitos más grandes. Mi visión era crecer a nivel nacional en el mundo de la comunicación, especialmente enfocada en radio.

Nunca cambié el enfoque y mientras hacía ese programa, donde por cierto no ganaba un solo peso, solo lo que yo misma generaba vendiendo la publicidad, entré a la universidad. Tardé un poco en iniciar mi carrera, porque trabajaba, ya tenía 21 años. Esto implicaría muchos esfuerzos y complicaciones, porque tendría que viajar en camión, cada semana, casi cuatro horas, hacia la capital del estado para estar en la universidad el lunes, ya que esta carrera solo se podía estudiar en la universidad que se ofrecía en la capital del estado. Yo soy de Baja California.

Durante cuatro años me la aventé así. Cada domingo yo estaba en una central camionera tomando un camión para estudiar de lunes a jueves. Si me preguntas qué problemas enfrenté, pues… algunos. Para empezar no se trataba de estudiar solamente, tenía que generar el recurso para poder pagar mi escuela y vivir en otra ciudad, en Mexicali. Quienes conocen este lugar de México saben que las temperaturas son muy extremas, a las que nadie, que no sea de ahí, puede acostumbrarse. El calor era brutal y el transporte público un verdadero horno.

En la universidad tomaba todas mis materias entre lunes y jueves para poder regresar a Ensenada los viernes y trabajar en el programa de radio, lo que hacía muy cargada de actividades la semana. Así pasaron los años, unos tres, cuatro años. No había mucha vida social, no había una vida "normal" de mi edad, ninguna otra actividad que no fuera parte de mi agenda que estaba un poco saturada, porque yo estaba enfocada en convertirme en la comunicadora que quería ser y que a la larga me ayudaría a hacer eso que yo soñaba hacer, que ahora entiendo, sería estar en el ejercicio de mi vocación.

Mi trabajo en radio rompía con algunos esquemas laborales, yo no tenía una plaza sindical ni pertenecía al sindicato de la industria, es decir, trabajaba como freelancer y eso me generó algunos problemas con delegados que no querían que yo trabajara en algunas áreas reservadas para ellos. Gracias a mi trabajo y enfoque siempre tuve el apoyo de las empresas en las que colaboré. Me contrataban como empleada de confianza y gracias a eso pude abrirme paso en un medio, que además tenía sus complicaciones por ser mujer, era un trabajo liderado casi 100% por hombres, la proporción era de nueve a una, es decir, nueve hombres por una mujer y aún sigue siendo muy alta. De hecho, ahora que dirijo una estación de radio en Guadalajara, la proporción es la misma, nueve a uno, en el grupo para el que trabajo soy la única mujer con ese puesto. En fin, aquí estoy ahora.

Entre la escuela y la radio fui afinando esta capacidad para escribir, para investigar, para redactar, para diseñar campañas y conceptos, para modular mi voz y grabar ideas comerciales y promocionales, todo esto mientras seguía estudiando fuera de mi ciudad natal cada semana. Ahora lo recuerdo y no me explico cómo pude hacerlo, correr de un lado para otro, estudiar aquí y allá con muy pocos recursos. No era lo usual a mi edad, ni en esa época, considerando que hay una creencia popular que dice que para alcanzar nuestras metas es necesario que las condiciones sean las "adecuadas", sino, ¡imposible! Yo escuchaba comentarios como "¿Fuera de la ciudad? ¿Estás loca? ¿Con qué dinero?", o "¿Para qué estudias si te vas a casar después? ¿Comunicación, eso qué es? ¿De qué vas a vivir?, no hay dinero para pagarte una carrera". Parecía que todo estaba en mi contra.

Alejandro Miranda: Claudia, en eso que desarrollaste ante la adversidad, ¿hubo algún momento específico en tu vida que te haya inspirado a convertirte en la comunicadora, escritora, semióloga y maestra que eres hoy en día?

Claudia: Supongo que el momento específico surgió a partir de una situación... ahora puedo conectar con eso. Soy la menor de un hogar de siete hermanos. El alcoholismo de mi padre y los estados depresivos de mi mamá tejieron un hogar como la mayoría de los hogares, disfuncional. Algunos de mis hermanos optaron también por el alcohol y el abuso de sustancias. Esto endureció un poco más la dinámica familiar. Creo que inconscientemente, ahora puedo verlo, buscaba irme de casa en algún momento. Claro, sería por neurosis. Creo que esa situación hizo que yo pusiera mucha más concentración y enfoque en prepararme y, de forma inconsciente, diseñar una historia diferente. No quería repetir lo que veía ni tampoco quería encontrar cualquier tipo de trabajo solo para sobrevivir, estudiar era un llamado. Creo que todos tenemos un llamado, pero si nos gana el lado oscuro, la sombra, nuestros condicionamientos, olvidaremos realmente nuestra misión de vida, sentiremos que estamos perdidos.

En aquel tiempo yo tenía 21 años y ya estaba estudiando en la universidad. En ese entonces conocí a una mujer que me inspiró muchísimo, me inspiró contundentemente, se llama María Esther Villegas, de cariño, *Matey*. Yo vivía en su casa, en Mexicali, en un pequeño cuarto que ella tenía atrás de su casa. Yo le pagaba una renta como estudiante. Era un cuarto con una cama, una tv, un baño y nada más. A Matey le gustaba practicar yoga y meditación. Me hablaba de la experiencia y me invitaba a practicar en la cochera de su casa. En un momento de crisis, camino a la madurez, con 10 materias semestrales al hombro, un trabajo semanal en la radio y en el gimnasio para seguir pagando mis estudios y una sensación de soledad que me decía, "debes hacerlo Clau, debes hacerlo" un día llegué sumamente exhausta a su casa... Me vio y me dijo: "¿por qué te exiges tanto, por qué corres Clau?" Entonces yo no entendía nada... y me regaló un libro. Esa experiencia la guardo en mi corazón ya que definió muchas de mis creencias actuales, muchas de mis decisiones y muchas de mis experiencias. Se convirtió, literal, en el motor que impulsó cada una de mis acciones. Este libro fue "Conversations with God" de Donald Walsh, escrito en 1995. Este libro realmente cambió mi percepción, cambió mi enfoque. Fue entonces que entendí el propósito de mi estar en este plano y por tanto, este libro cambia totalmente mi vida, ya no tenía que "correr".

Alejandro Miranda: Tener un propósito obviamente no es para cualquiera, muchos pasamos toda la vida buscándolo. ¿A ti qué es lo que te motiva y te inspira para hacer lo que haces y para ayudar a la gente que ayudas?

Claudia: Creo que lo que más me mueve es saber con certeza que hay una vida plena y armoniosa que todos, por derecho divino, merecemos vivir. Eso es lo que me motiva: ¡saberlo! La certeza de saber que no hay circunstancia difícil que pueda acabar con nuestro espíritu ni con la razón de estar aquí, en este plano. Esta total fe, de que somos almas libres. Sí, hemos sido condicionados por muchos factores, pero también tenemos todo a nuestros pies para trabajarnos y lograr esta libertad que habita dentro de nosotros. La libertad del SER, la libertad del SER que produce la plenitud y la paz interna. Este estado del SER que, en verdad, es una promesa para cada uno de nosotros.

También me mueve el sufrimiento de los demás y el mío. Nuestra ignorancia sobre lo que somos, mi propia experiencia dura en la infancia y mi eterna búsqueda. Estas dudas que también tienen los demás que me hacen escribir, investigar… son mis dudas también y me exigen prepararme más para ser un agente de propuestas y cambio. La verdad es que yo creo que me mueve el amor por la verdad.

Alejandro Miranda: Claudia, ¿cuál pudiera ser una lección importante en tu vida?, ¿quizás un error cometido que siga repercutiendo hasta el día de hoy en tu manera de trabajar, de hacer negocios, de ser lo que eres hasta el día de hoy?

Claudia: Como todo ser humano he cometido muchísimos errores. Por ejemplo, darme cuenta tarde, para mí muy tarde, que el secreto cuando empiezas a ganar dinero está en invertirlo. Primero invertirlo en preparación, para así potenciar nuestras capacidades y talentos. Todos venimos con capacidades y talentos, debemos invertir en prepararnos para hacerlos brillar más. Estas acciones se van a encargar de hacernos productivos y por estas mismas acciones se llenarán nuestros bolsillos, pero eso lo vi tarde. También aprendí tarde cómo funcionan los negocios. Aprendí tarde que no puedes gastar lo que ganas sin tener un objetivo principal, no puedes gastar por gastar.

Alejandro Miranda: Una de las características principales de un líder es la capacidad de sobreponerse a la adversidad y al fracaso. ¿Puedes recordar algún fracaso que haya sucedido en el pasado que contribuye actualmente al éxito que tienes hoy en día?

Claudia: No sé si usar ahora la palabra fracaso. Pero de que me he equivocado y he perdido oportunidades, me he equivocado. Con base en lo que te platicaba, mi infancia, las condiciones en las que tuve que aprender a moverme dentro de un medio complicado y el tema de la lana. Para mí, al principio, no tener una familia que me impulsara fue mi primera percepción de fracaso. En mi cabeza era como, "no tengo el apoyo, entonces no voy a poder". Ahora entiendo que eso, al mismo tiempo, fue un gran motivador, un poco neurótico, claro, pero lo cambiaba por: "porque viví esto, quiero crear esto. Porque viví esto, no lo quiero repetir, quiero crear otra historia".

También en aquel tiempo, el no tener dinero para pagar mis estudios, solo lo que mi mamá podía darme, me hizo sentir destinada a no lograr nada y sentir que no podría alcanzar mis sueños. Ahora sé que, al mismo tiempo, fue un gran motivador porque, sin darme cuenta, el no tener los recursos me ayudó a poner a prueba muchos de mis talentos, y a convertirme en generadora de lo que necesitaba para alcanzar lo que quería alcanzar.

Alejandro Miranda: Claudia, ¿qué se siente ser el líder oculto que eres actualmente?

Claudia: No sé si lo sea. Yo solo he seguido una voz que me ayuda a lograr lo que sueño. Pero si hablamos en términos de ¿qué siento al verme ahora aquí?, me daría un abrazo. Estoy satisfecha, agradecida.

Alejandro Miranda: Un buen líder se caracteriza por el buen manejo de su tiempo ¿Tu como manejas el tuyo?, ¿a que le dedicas tu tiempo?

Claudia: Actualmente divido mi tiempo en la dirección artística de una de las emisoras más importantes del país, Exa FM en Guadalajara. Exa es parte de una cadena muy grande de México. Tengo, además, la producción de un programa de radio y de un podcast que se llama Bang Bang, que tiene enfoque en el desarrollo humano.

Doy talleres con respecto a los temas que manejo, conferencias a razón de mi libro de cuentos "ReCreyendo" y tengo despacho de Consultoría en Semiología de la Vida Cotidiana, que está enfocado en el desarrollo humano integral de las personas, con enfoque en el "*yo*", el ser, que es la pieza fundamental y única que impulsa el desarrollo completo de un individuo.

Entre otras cosas imparto clases de Comunicación Efectiva en el Itesm y ofrezco un masterclass para hablar en público en el Centro MVS. Actualmente estoy estudiando la Licenciatura en Filosofía en la Universidad Panamericana, en Guadalajara.

Las personas a las que tengo el privilegio de ayudar son personas que quieren hacer cambios sustanciales en su vida. El modelo de Consultoría en Semiología de la Vida Cotidiana pone las preguntas adecuadas para que ellos mismos encuentren las respuestas. He ido resolviendo algunos problemas aplicando el modelo y me doy cuenta de que, los seres humanos vamos por la vida operando de forma mecánica, repitiendo patrones de conducta que nos hacen vivir siempre de la misma manera, obteniendo los mismos resultados y sintiéndonos mal ante esto mismo.

Creemos que *somos* aquello que *vivimos, como si se tratara del destino,* pero quizás si escuchamos atentos nos daremos cuenta de que hay algo dentro de nosotros que nos dice: "no es así…"

¿Quiénes somos? Somos la unidad, somos seres completos, no nos hace falta nada. El modelo de Semiología de la Vida Cotidiana nos enseña que el SER es uno, bueno, bello y verdadero. El ser tiene todas las capacidades en potencia: es grande, es poderoso, es sabio, asertivo, amoroso, somos seres completos. Eso debemos encontrarlo, no lo sabemos cuando somos adolescentes.

Alejandro Miranda: Claudia, ante esta vida tan intensa y dinámica, que me consta tienes, ¿qué haces para recargarte fuera de toda tu actividad profesional?, ¿cuáles son tus pasatiempos?, ¿con qué tipos de personas convives?, ¿cómo te recargas?

Claudia: Bueno, todos los seres humanos tenemos que alimentarnos, nutrir nuestra alma. Yo creo en la lectura como alimento para el alma y el espíritu, para mí, es uno de los grandes pilares en donde puedo recargarme.

También el contacto con la naturaleza como conexión directa con la belleza de la creación. Amor el olor a tierra mojada y sentirme cercana a las maravillas de la naturaleza. Mi casa está llena de plantas.

La investigación y la escuela también, que me permiten entender al mundo y lo que somos. Para mí no es un trabajo investigar y estudiar, para mí es un alimento espiritual realmente. Jugar en el parque con mi hijo también, jugar a la pelota, a la "trais" como él me dice. En él veo la fascinación de descubrir en cada cosa el mundo por primera vez, volverme una niña con él eso me hace sentirme humana y aterrizada. Paso tiempo con personas que son importantes en mi vida, mi esposo y mi hijo, personas que me inspiran, mis amigos, hermanos, colegas, amigos del alma, todo eso me alimenta.

Alejandro Miranda: Si hiciéramos un experimento y viéramos que pudiéramos viajar en el tiempo, si pudiéramos viajar al pasado y de repente puedes tener una conversación con esa Claudia Franco anterior a lo que eres hoy, una versión tuya muy anterior al éxito que tienes hoy en día, ¿qué consejo le darías?

Claudia: Que belleza que pongas esa imagen frente a mí, la Claudia que fui… A aquella versión de la Claudia yo le diría o le daría este consejo, "no te agobies, esto también pasará". Le diría también "para sentirte realizada no tienes que hacer nada, ni demostrar nada". Le diría, "eres y vales tan solo por estar aquí, tan solo por nacer". Creo que también le diría, "no malgastes lo que ganas, invierte a edad temprana, invierte".

Alejandro Miranda: Hablando de invertir, gracias por invertir tu tiempo un poco en este proyecto. Quisiera despedirme preguntándote, ¿cómo podemos saber más?, ¿cómo puede saber el lector más sobre lo que haces y sobre tu negocio?

Claudia: Pueden sintonizar Exa FM 101.1 en Guadalajara, o escuchar vía streaming descargando la APP de Exa FM. También pueden hacerlo vía podcasts, estamos en www.himalaya.com, nos encuentran como Bang Bang MVS radio. Está mi blog también, en redes estoy como @claudiafranco.mx ahí están todas mis actividades, los talleres, las conferencias, todo lo que tengo la oportunidad de compartir para los demás.

Alejandro Miranda: Claudia, muchas gracias, en lo personal muy agradecido de corazón por tu tiempo, por tu talento, por compartirnos tanto, ¿algo que quisieras añadir antes de despedirnos?

Claudia: Agradecerte Alejandro, la invitación a este tu proyecto, me siento muy honrada de formar parte de este líder oculto. Estoy segura de que, dentro de nosotros, de todos los seres humanos hay un líder oculto y hay un gen que todos poseemos que está ligado a está posibilidad de liderar nuestra vida, solo que lo hemos olvidado.

Creo que si en este momento, al leerme, ustedes pueden conectar con ese líder oculto que está ahí en potencia esperando ser llamado, me sentiré profundamente agradecida de que, a través de mi historia, puedas tú conectar con la tuya y convertir ese líder oculto en un líder de luz, el líder que fuiste llamado a ser.

Alejandro Miranda: Muchas gracias Claudia.

Acerca de Claudia Franco

Licenciada en Ciencias de la Comunicación por la Universidad Autónoma de Baja California. Master en PNL. Consultora y Comunicadora Certificada en Semiología de la Vida Cotidiana.

Co-Autora del libro y programa de desarrollo humano ReCreyendo. Claudia es maestra de Comunicación Efectiva en el Diplomado de Habilidades Gerenciales del Tec de Monterrey, campus GDL y tiene un diplomado en Creatividad y Neurociencias por la misma universidad.

Está certificada por la SEP en Impartición de cursos y actualmente se encuentra cursando la Licenciatura en Filosofía en la UP (Universidad Panamericana). Ha impartido conferencias y/o talleres para marcas como: Mercedes Benz, MVS Radio, UP,

Mazda Plasencia, Compu Soluciones, Talent Land, Grupo Pachuca, Colegio Subiré, entre otros.

Actualmente divide su tiempo como Directora Artística de EXA FM 101.1 y como consultora en Semiología de la Vida Cotidiana. Tiene un programa de radio con enfoque en desarrollo humano que se transmite de lunes a viernes de 1 pm a 4 pm en EXA FM llamado Bang Bang que también está en Podcast.

Contacto Claudia Franco
https://claudiafranco.com.mx

*"Por la razón de lo que somos tenemos
un ADN de luz, un ADN de amor
y parte de nuestra misión en la vida
es descubrirlo y recordarlo"*

Conversación con Mercedes Sara Martínez Salazar

Alejandro Miranda: Mercedes Martínez, gracias por acompañarme. Mirando hacia atrás, ¿existía algún tipo de señal o indicio en tu vida de que poseyeras el ADN o el gen de un líder oculto?, es decir, ¿alguna situación en tu vida que te ayude a tener esta visión o algún periodo en tu infancia que te haya indicado esto?

Mercedes: Yo creo que todos, por razón de lo que somos, tenemos un ADN de luz, un ADN de amor, y que parte de nuestra misión en la vida es descubrirlo y recordarlo. Creo que toda nuestra infancia, en la psicología se utiliza mucho esta frase, que los 10 primeros años en nuestra vida vamos a tardar 50 años en decodificarlos, en poder comprenderlos, en poderlos digerir.

Creo que en esa siembra de los primeros siete años de tu vida vamos a tener los elementos necesarios y suficientes para generar cuatro cosas; para conocernos en ese contexto, para comprendernos y comprender a los otros, para perdonarnos, para perdonar al otro y para liberarnos. Como decimos en semiología, "perdonar es comprender que no hay nada que perdonar".

Cuando me preguntas, y teniendo la experiencia de todos mis consultantes, de las personas que asisten conmigo para poder procesar algún tema, creo que nuestro ADN está ahí sembrado en las experiencias de la infancia, porque todo lo que hemos podido vivir en la infancia lo podemos decodificar y resignificar. En el momento que tú lo resignificas es cuando recuerdas quién eres.

Alejandro Miranda: Qué hermoso. Mercedes, ¿puedes describirnos qué tipo de persona eras antes de convertirte en terapeuta semióloga?

Mercedes: Creo que sigo siendo una buscadora de la verdad, como una buscadora de la paz, solamente que antes de encontrar dos elementos súper importantes en mi vida, uno fue la *Semiología de la Vida Cotidiana* y el otro fue *Un curso de milagros*, que casualmente a mi vida llegaron en la misma semana. Me parece algo sorprendente y muy milagroso.

Antes de encontrar estas dos herramientas, considero era una persona que buscaba respuestas a estas dos preguntas que todos los seres humanos nos hacemos en algún momento, ¿quién soy yo? y, ¿qué quiero?

Alejandro Miranda: ¿Qué tipo de estudiante eras Mercedes?, ¿qué tipo de trabajo tenías?, ¿qué tipo de problemas enfrentabas?

Mercedes: Si nos vamos por el lado académico, era una muy buena estudiante. Me gustaba mucho aprender, me gustaba mucho leer, a pesar de que en mi circunstancia la mayor parte de tiempo de mis estudios trabajé y estudié, no era un obstáculo para poder aprender. Yo recuerdo cualquier instante, cualquier momento que tenía libre, adelantar, leer, preguntar, tratar de ver las materias, lo que seguía, como para tratar de estar lo más presente posible.

Algo que ahora sé, que me funcionó súper bien, es lo siguiente, es algo que les digo mucho en los cursos; ahora que empezó el 2020, yo les decía que el tiempo, el 2020 y el tiempo, como espacio-tiempo, tienen una sola pregunta para nosotros y es, "¿quién me habitará?, ¿quién va a incidir en mí?", el tiempo es un recurso de aprendizaje, es una alfombra roja que se desdobla frente a ti.

La pregunta es, "¿quién me habita?, ¿quién va a incidir en mí?". Descubrí que lo que incide en el tiempo son tus actitudes, tus pensamientos, tus creencias, tus valores, tus emociones. Cuando quiero irme por el atajo digo, "simplemente el tiempo pregunta, ¿cuál es la emoción que incide en mí?", y esas siembras que hacemos en el tiempo son las cosechas que vamos a obtener.

Una constante que aprendí, desde muy temprana edad, es que al tiempo hay que agradecerle todo lo que nos da. Como decimos en semiología, por más difícil que esté la envoltura del regalo que nos presenta la vida, siempre hay que agradecerlo, porque una vez que lo terminas de abrir te va a entregar un regalo hermosísimo, que era justo el que necesitabas en aquel entonces y en aquel allá.

Aunque en ese momento nos cuesta trabajo agradecerlo, ¡agradécelo! Tendría "n" cantidad de ejemplos donde el regalo que aparentemente se me brindaba era adverso, pero frente al, "gracias", pero gracias de corazón, sucedía un milagro. Podíamos ver la perla que estaba escondida detrás de esa envoltura difícil. ¿Qué tipo de estudiante era? Una estudiante dedicada, tenía muy buen promedio, muy buenas calificaciones, era una entrega total al conocimiento.

Tenía un apetito muy grande de conocer y de aprender.

Alejandro Miranda: ¿Qué te inspiró, Mercedes, a tomar la decisión en convertirte en terapeuta semióloga?

Mercedes: Esa es una historia interesante, porque siempre me interesó mucho, soy muy observadora. Recuerdo cuando leía las preguntas de alguna anécdota de la infancia, recuerdo, una de las pocas imágenes que tengo de mi padre, porque mi papá murió cuando yo tenía ocho años, de esos regalos. Una hermana que es más grande que yo, también murió cuando ella tenía siete años, yo tenía seis.

Fueron dos perdidas muy importantes a muy temprana edad. ¿Qué es lo que recuerdo?, recuerdo que en alguna ocasión le dije a mi papá que tenía deseos de estar en contacto con algo más. Yo le decía, "papá, vamos a ver el cielo, las estrellas". Necesitaba ese contacto con la naturaleza. Había el corral, que le decían en las casas de antes, y me dijo, "ve al corral y ahí puedes estar todo el tiempo que quieras".

Descubrí una fascinación. Cuando yo me quería abstraer, cuando yo quería estar conmigo, tenía esa posibilidad. A cualquier hora, bajo cualquier circunstancia, ese espacio, donde había unos árboles, estaba en contacto conmigo. Descubrí, que eso fue un regalo que me dio mi papá, una de las pocas memorias que recuerdo, pero que son un gran regalo.

Alejandro Miranda: Eso que comentas, Mercedes, me lleva a preguntarte lo siguiente, ¿qué aprendiste de esa experiencia? o, ¿qué experiencia sigue repercutiendo hoy en día a lo que eres?,

¿a la manera en que trabajas, que ayudas, que sirves, incluso que haces un medio de vida?

Mercedes: Una imagen muy importante para mí, fue la imagen de mi mamá, porque enviudó a los 35 años de edad, ¿puedes creer esto? A los 35 años de edad, cuando la más chiquita tenía cuatro años y la más grande tenía 15, yo iba a cumplir ocho años. Lo que yo vi no fueron tragedias. Eso es algo muy impactante. Ahora la comprendo perfectamente, porque sabemos que el impacto emocional del niño no es el primer impacto.

No es la pérdida del padre, sino la respuesta que da el adulto a la pérdida del padre, porque el niño siempre va buscar un referente. Lo que me está pasando, ¿es tragedia o no es tragedia?, ¿de quién va a depender? El niño va a voltear a ver al padre, o a la madre, o a la figura de autoridad, si la madre dice, "no está pasando nada, aquí todo está bien, vamos a salir adelante", no se da el impacto emocional.

Esas cuatro cosas que las voy a nombrar porque es muy importante, que se han descubierto en el transcurso de la terapia, en el modelo, es; las cosas que vives en soledad, que te toman por sorpresa, que son dramáticas por el tipo de emociones y que no tienen la solución que tú hubieses querido, eso te marca en la infancia, es lo que después en la vida adulta vamos cobrándole a las parejas, o vamos cobrándole al principio de realidad.

Para que no se den esas cuatro cosas hay que contrarrestarlas. Que el niño no lo viva en soledad, es decir, que exista un adulto que te pueda mirar y te pueda explicar. Que las emociones no sean dramáticas. Que no te tomen por sorpresa y que tenga la solución que tú hubieses querido. Esa es la figura y el papel tan importante de los adultos. Creo que ese regalo lo que me hizo conocer fue lo que logran la determinación y la voluntad.

En este caso de una mujer emblemática, de una mujer fuerte, de una mujer maestra, de una mujer que dijo, "aquí no pasa nada". Y no pasó nada.

Quizá ese es uno de los elementos más importantes. Frente a la adversidad, el tiempo tiene una pregunta para ti, ¿quién me habita?, "oye pero aquí hay una tragedia", entonces quien estaba incidiendo en el tiempo, "aquí no hay ninguna tragedia, aquí estoy yo para poder acompañar, permanecer, guiar, disfrutar de lo que la vida es y de lo que los misterios de la vida nos ofrecen". Yo creo que esos dos elementos son importantes.

Alejandro Miranda: ¿Has experimentado alguna vez algún fracaso que contribuya ahora directamente a quién eres, al éxito que tienes en la actualidad?

Mercedes: Cuando leí esta pregunta pensaba contestarla con un ejemplo, porque de verdad fui muy bendecida por los libros que llegaron a mi vida a muy temprana edad; a los 12, 13 años había leído los libros de metafísica. A los 15 años ya había tomado mi primer curso de lo que era la conciencia y la conciencia superior. A los 17 años tuve que entrar a periodos fuertes de meditación para poder entrar a estudios de homeopatía, ya que yo quería entrar a estudios de homeopatía.

Muy en mi adolescencia encontré una rama de crecimiento espiritual muy importante. Algo de lo que aprendí que me llamó mucho la atención y además es bíblico, *dar gracias siempre y en todo lugar*. No te dicen, "cuando te va bien, cuando tú tienes lo que quieres, cuando las cosas te están yendo según lo planeado". Dice, "siempre y en todo lugar, bajo cualquier circunstancia y en cualquier momento".

Ahora, al principio de año también les comentaba a los grupos con los que tengo la bendición de trabajar que si la alfombra roja del tiempo está frente a ti y te pregunta, "¿quién me habita?", vamos a trazar el "qué", si el objetivo es muy importante. Y nunca nos vamos a preguntar por el "cómo", porque el "cómo" es divino. Luego tenemos que tener conciencia de que cualquier circunstancia será el medio para que yo recuerde mi objetivo.

¿Cuál es nuestro objetivo? Era de lo que estábamos compartiendo hace ratito, saber quién soy y qué quiero. Cuando logramos intuir que somos el hijo de Dios regresando a casa y que lo que queremos es paz y amar, cualquier circunstancia que se te presenta es la condición propicia para recordar, «perdono o amo, no hay de otra». Cualquier circunstancia te va a presentar esas dos opciones, «¿hay algo que perdonarte? o, ¿hay algo que amarte?», amarte, nada más.

Estas dos cosas que aprendí a muy temprana edad me permitieron, ante los fracasos, entre comillas y subrayados, decir, "hay una nueva siembra. Gracias, gracias por esto". El ejemplo, quizás, te podría dar muchos, porque aquí como que de hecho son un milagro, "n" cantidad de ejemplos que te podría dar. Te voy a dar uno, que además es interesante.

Cuando decidí que yo quería estudiar Psicología fue porque me interesaba mucho conocer a las personas y entenderlas; además, que muchos de mis amigos me buscaban para platicarme sus cosas. Me parecía muy interesante cómo funcionaba la mente. ¿Qué es la mente? ¿Por qué para alguien significa una cosa de alguna manera y para otro lo significa de otra manera?

Entonces yo quería entrar a Psicología, pero en aquel entonces Psicología era como, "es para locos, ¿qué estás haciendo ahí?". El imaginario colectivo de mi propia familia me dijo, "claro que no".

Empecé en la carrera de Nutrición. En la carrera de Nutrición me iba muy bien, tenía muy buenas calificaciones, pero empecé a estudiar otras cosas. Me metí, por ejemplo, a Astronomía, me metí a Psicoastrología. Entré a estudiar Homeopatía, ya luego me metí de lleno a lo que era la Metafísica.

Iba a la escuela como por requisito. En algún momento dije, "¿qué estoy haciendo?", si estoy analizando hasta la psicología de Marte, hasta la psicología de Venus, porque me interesa conocer, porqué actuamos, como actuamos. En un acto de congruencia y de coherencia decidí cambiarme a Psicología, estando a la mitad de la carrera de Nutrición. Sí, pero son de esas cositas que ahorita platicábamos, que decíamos, "no me importa, estoy más allá que para acá", pero por fidelidad a mí, que en semiología decimos, "la única fidelidad que existe es a uno mismo", migré a Psicología. Fue como un oasis, un descanso, es como la certeza de, "estoy donde necesito estar".

Cuando estaba como en cuarto semestre de Psicología, estaba en el ITESO. En un momento en que mi mamá me compartió, "oye, no hay dinero ahorita para el semestre en el ITESO".

Entonces yo le dije, "no hay ningún problema, voy a pausar, voy a entrar a trabajar y termino la carrera cuando se pueda". Tenía examen ese día. Creo que aquí es donde viene lo importante, dije, "voy a ir a hacer el examen", algunos me dijeron, "¿para qué vas a hacer examen si te vas a dar de baja hoy?", "porque yo vengo preparada para hacer el examen. Además, voy a dar lo mejor de mí para hacer el examen".

Porque el tiempo tiene una pregunta, "¿quién está habitándome en esté salón de clases?". Tienes que decir contundente, "yo soy, aquí estoy", que no quede duda de tu entrega, de tu dedicación. Hice el examen y le digo a una compañera con la que normalmente estudiábamos, "acompáñame al edificio central, porque me voy a dar de baja", "¿por qué? o, ¿cómo?, ¿de qué se trata?, si tenemos tantos trabajos pendientes".

Dije, "porque por circunstancias, por principio de realidad, por esté regalo que viene envuelto". Aquí hay algo muy importante. Cuando yo tomé el tren ligero para ir de casa, mi casa a tu casa, en todo el camino yo fui diciendo, "gracias, gracias, gracias. Porque no conozco las implicaciones de esto que está sucediendo, pero lo que sí sé es que es para mi bien", parecía que no, pero yo sé que es para mi bien.

Porque no puede haber un padre amoroso y protector que quiera algo malo para sus hijos. Fui, recuerdo perfectamente pegadita al cristal del tren ligero diciendo, "gracias, gracias, gracias". Repetí esta frase que ahora tanto la comparto en los grupos y que hoy a principios de año se dijo, "yo quiero estudiar en el ITESO Psicología con todo mi corazón, con todas mis fuerzas y con todo mi ser".

"Si es para mi bien y para bien de todos los implicados, que sea; sino, que no sea". Ahí todo me indicaba que parecía que no era, entonces era, "gracias, gracias, gracias". Cuando llegamos al edificio central mi amiga se encontró con un sacerdote que trabajaba ahí en el ITESO, empezamos a platicar y mi amiga le dice, "se viene a dar de baja, porque no puede pagar ahorita el semestre y demás".

Él dice, «ven, vamos a platicar». Me pasa a su despacho, revisa mi expediente y dice, «tienes un récord impecable». «¿Porque quieres abandonar la carrera?» «Circunstancias de la vida, no pasa nada, vamos a dejar este semestre y regresaremos». Para no hacerte el cuento largo, yo salí ese día con beca del 100% del ITESO. Todavía se me enchina la piel.

Cuando regreso a casa me pregunta mi mamá, "¿cómo te fue?, ¿te pudiste dar de baja?", le dije, "no", "no pude darme de baja, porque la divinidad tiene otro plan para mí". Aquí lo que me llama mucho la atención es que si tú no dices o yo no digo, "voy a hacer el examen, además lo voy a hacer con la mejor actitud, me voy a entregar y voy a dar lo mejor de mí", nada de lo que seguía hubiera pasado.

Es algo que yo estoy convencida, la única tarea que tienes que hacer es, ese lugar donde estás en este momento, no importa cómo se llame tu circunstancia, pensando en quienes probablemente nos lean, no importa qué tan adversa parezca que esta tú vida en este momento; por más catastrófica, que se murió tu papá, que no hay trabajo, que no hay dinero, que nadie te quiere, que te cortó la novia.

No sé que sea la circunstancia por la que estas atravesando, tienes que vestirte de voluntad, y entregar lo mejor que tienes en este momento. Va a ser a través de una actitud, no hay de otra. El auto concepto es una actitud, el auto concepto es la actitud que tú tienes de ti mismo.

¿Qué piensas de ti?, ¿qué crees de ti? y ¿qué sientes cuando estas contigo?, esa actitud es la que estás sembrando en esta circunstancia. En tanto que la siembra de la circunstancia es más grande que tu voluntad, los efectos, las cosechas, los resultados seguirán siendo los mismos. Pero en cuanto tu voluntad quite la maleza, la maraña y siembre tu actitud, tu deseo, tu anhelo, en ese momento estoy total y completamente segura que el universo responde. Y responde de una manera inimaginable, te sorprende. Es como para darte un ejemplo de cómo se ven los fracasos o una posibilidad para ver los fracasos, entre comillas y subrayado, porque el fracaso en realidad no existe, son experiencias y toda experiencia se puede significar.

Alejandro Miranda: Nosotros hemos estudiado el que detrás de cada adversidad, siempre existe la semilla de un beneficio equivalente.

Mercedes: Así es. Una vez que terminamos de abrir el regalo, te sorprende. Podría decir que incluso te rebasa, porque es cuando les digo, "pongan el qué, pero no pongan el cómo", y hasta soy un poco bromista aquí, porque a lo mejor la divinidad tiene uno o dos recursos que tú no alcanzas a ver.

Dejémonos sorprender, dejemos que la divinidad nos sorprenda y una manera es soltando el control, sí hay que marcar el qué, sí hay que poner la mejor de las voluntades y hay que soltar tu anhelo, hay que soltar yo les digo, "las velas al viento y dejar que el viento sople. El viento de la divinidad".

Alejandro Miranda: Mercedes, ¿qué se siente ser el líder oculto que eres actualmente?, ¿qué tipo de personas ayudas?, ¿qué tipo de problema resuelves?

Mercedes: Primero, esto de líder oculto yo nunca lo había pensado hasta que leí tus preguntas. No me había visto, no me veo con esta posibilidad de poder encauzar o decirles a las personas lo que deban hacer. Lo que sí creo es que puedo ser un ejemplo vivo de lo que en este caso, la semiología y *El curso de milagros* ha hecho en mi propia vida y en mi propia existencia.

Podría decir que esto de líder, ahorita que te escuchaba hace unos minutos, empieza cuando te puedes ver a ti mismo en esto de la autogestión, en esto del autodominio, en esto de, en semiología decimos, "conviértete en tu padre y en tu madre", en aquel padre que te hubiese gustado que tuvieras y en aquella madre que te hubiese gustado que tuvieras.

La madre quita el miedo y el padre, disciplina, estructura, rigor, evita que entre lo que no tiene que entrar. Creo que ese es el liderazgo que podemos experimentar y que cuando nos convertimos, en semiología decimos, "conviértete en una persona a la que tú puedas admirar", en ese momento empiezas a ser tu propio líder.

Nosotros decimos que es la instalación del "*yo*" observante o de la conciencia despierta, que tú te puedas estar mirando a ti mismo y estar convirtiéndote en tu padre y en tu madre para saber sin miedo, pero vamos encaminándonos hacía acá. Nosotros tenemos el potencial. Tienes que estar haciendo cosas buenas, para tu potencial instintivo, la base ideológica para tu potencial motriz, que es el cuerpo en movimiento, pero también la actitud para tu potencial sexual. Este potencial sexual tan importante, que es lo que genera el placer de la procreación, pero también la procreación del placer con una condición, siempre para el desarrollo de tu conciencia. Tu potencial emocional, cuidar mucho las emociones que tienes, perdonar lo que tengas que perdonar, reconciliarte con quien te tengas que reconciliar.

Decimos esto que es muy importante, la calidad de tu vida depende de la calidad de la relación que tienes tú contigo y tú con todos los demás. En la medida que hay culpas, rencores, resentimientos, tu calidad de vida se merma. Parte de ser líder así como lo veo es, arregla tu casa por dentro, limpia tu casa por dentro.

Finalmente potencial racional, ¿qué va a nutrir tu mente?, ¿a qué te vas a conectar para que puedas nutrirte y alimentarte? Lo que hago es compartir en los cursos, las sesiones, en las terapias, los grupos, la experiencia de estar viviéndome desde ese lugar, teniendo además la conciencia. Cuando estás con el "*yo*" observante, la vida te va a mandar el espejo, es decir, la persona, la situación, la circunstancia que tú necesitas para crecer en conciencia, tú. Creo que lo que va sucediendo, porque sí, efectivamente los grupos son cada vez más numerosos. La consulta efectivamente bendito Dios, está saturada, hay lista de espera, de pronto aquí el grupo se cierra, porque ya no caben más. Pero creo que es ese apetito de saber que hay otra manera, pero otra manera de vernos a nosotros mismos, de creer en nosotros mismos.

Hay una imagen que he desarrollado a raíz de la consulta, donde les digo, "mira, en la misma medida en la que tu esperas que alguien más te dé a ti sentido, valor o dignidad, es como que tú inflas aquella relación, para que esa relación te dé a ti sentido, valor y dignidad".

Eso es lo que da la paternidad, la paternidad te da sentido, valor y dignidad. Es decir, te da el significado de tu existencia. Muchos de nuestros vínculos cuando están con situaciones de conflicto, es porque inflamos y queremos que el otro haga ciertas cosas o deje de hacer ciertas cosas para que me den a mí, sentido, valor y dignidad. Entonces "mi padre debería de venir y pedirme perdón", del tamaño de ese deseo es lo que estas inflando a tu padre, pero también en la misma proporción es la distancia que hay entre tú y tu propio ser. Es darnos cuenta de este tipo de espejos, es lo que genera una posibilidad de que mi felicidad, tu felicidad, no depende de nada, ni de nadie externo a ti.

En semiología decimos, "nada externo a ti puede hacerte feliz y nada externo a ti puede hacerte sufrir". Creo que lo que va sucediendo aquí en los grupos es eso, ver como de pronto una persona que vivía en un autoconcepto donde lo que pensaba, creía y sentía de él mismo, de pronto se vuelve su propio líder, marca sus propias metas y se empieza a enviar él o ella a sí misma. Y es lo que genera como "yo quiero", quizás ese sea un verdadero y genuino liderazgo, encarnar los valores. En semiología decimos, "la única autoridad que existe, es la autoridad moral", encarnar los valores y que otro diga, "yo quiero", por inspiración.

Alejandro Miranda: Mercedes, hablas de grupos llenos y terapias saturadas, ¿qué haces para recargarte fuera de lo que haces?, ¿cuáles son tus pasatiempos?, ¿con qué tipo de personas pasas tiempo?

Mercedes: Que sea aquello que nutre. En verdad mi propio trabajo me nutre muchísimo, hoy en la mañana estuvimos aquí con *Curso de Milagros* y estar en la lectura compartida de un libro tan profundo, tan espiritual, tan lleno de sabiduría como es el libro de *Curso de milagros*, realmente me nutre muchísimo y los testimonios que dan.

Sí me nutre mucho mi trabajo, mi propio trabajo me gusta, me recarga, lo que tú me decías hace ratito, es una pasión, es un entusiasmo.

Como dice nuestro maestro, "cuando encuentras tu vocación dejas de trabajar", y creo que estoy en mi vocación, pero también es importante que el cuerpo requiere también sus procesos de recuperación.

Una de las cosas que yo hago casi sin excepción todas las semanas es salir al campo. Salgo, voy y práctico el senderismo, largas caminatas, me nutre mucho estar en familia. Estar con mi esposo, estar con mis hijos, con la familia extendida, con hermanos; con la familia en general, con mi madre, con la familia de mi esposo. Es un privilegio estar en contacto con la naturaleza. Me gusta mucho leer y practicar alguna actividad física, donde verdaderamente sienta que estas extenuado, o sudaste, o sentiste que estás vivo. A través de que tu corazón este palpitando a todo lo que da, eso me permite regresar los lunes o los domingos por la noche fortificada.

El domingo pasado, ya para venirnos del rancho, bajamos todas las luces y nos pusimos a ver las estrellas, justo antes de venirnos. Ese momentito de familia, donde mis dos hijos, mi esposo y yo, tomados de las manos, viendo las estrellas, sintiendo la pequeñez de nuestra existencia, pero al mismo tiempo la grandeza.

Es esta posibilidad de reflexionar, de quiénes somos, qué queremos y qué papel tenemos aquí. En semiología nos gusta mucho esa definición, dice que, "el ser humano es la conciencia autorreflexiva del universo". Frente a estas estrellas, con esta posibilidad de abrazar a estas personas tan entrañables y viendo la inmensidad del cielo y la manifestación de la belleza en las estrellas, me recarga mucho.

No perder esta capacidad de asombro que también lo podemos encontrar aquí en la ciudad, en un rostro amable, en un árbol. Necesitamos eso, hay una sensación, lo estoy viviendo, lo estoy experimentando, que así como nos estamos polarizando en las cosas negativas o de baja frecuencia que están pasando a nivel de la humanidad, también nos estamos polarizando en las cosas buenas.

Veo cada vez más cerca de mí, en la colonia, en la comunidad, en la ciudad donde vivo, gente amable, gente comprometida, gente feliz, gente pendiente del otro, gente que busca qué puedo hacer por ti, simplemente para que tú te sientas mejor. También lo veo y lo veo con mucha claridad.

Alejandro Miranda: Si pudiéramos viajar en el tiempo y tuviéramos la oportunidad de darle un consejo a una versión anterior de Mercedes Martínez, una versión anterior de lo que eres hoy, ¿qué consejo le darías?

Mercedes: Este es un ejercicio que hago todo el tiempo, podría decir que lo hago todos los días con mis consultantes y con los grupos. Hoy justamente aquí estaba hablando una de las personas que asisten y hay una forma muy fácil de ver, ¿qué tan atorados estamos con nuestras historias de terror de la infancia?

Una de las cosas que tenemos que hacer es soltar las historias de terror de nuestra infancia, ¿cómo sabemos qué tan amarrados estamos? Siempre la primera tarea que yo dejo en la consulta es, "haz una listita de todos tus "Ash", lo que no tolero, lo que no soporto, dónde mi conciencia topa, 'no puedo con esto'". Siempre les pido que hagan una listita de, "Ash", mínimo por una semana, 15 días.

Nos vamos a dar cuenta que esos, "Ash", tiene una raíz, están vinculadas a tus historias de terror de la infancia. Esto que me acabas de decir, qué le dirías a la niña que fuiste, todos los tenemos que hacer, todo el tiempo. ¿En qué momento? Cuando tienes un, "Ash", frente a una persona, una circunstancia o situación, tengo que preguntarme desde que lugar de mi infancia herida estoy proyectando esto.

Todos los días los tenemos que hacer, todos los días, porque en la medida que no sanamos nuestro niño herido, somos adultos conflictivos. Una persona que ha integrado su niño herido, que lo ha abrazado, que lo ha mirado a los hijos, que lo contiene, que le da sentido, valor y dignidad a su existencia, no reacciona frente a los puntos de fricción. Porque no resuenan con él. Todo el tiempo, todos los días, ¿qué le diría?, que aquí estoy yo para ella, que tenga la certeza de que el sentido, valor y dignidad lo tendrá desde el momento que nació, desde el momento de la misma agonía, eso le diría. Que tenga certeza, que tenga confianza, porque Dios está con ella.

Alejandro Miranda: Qué bonito. ¿Cómo podemos saber más de lo que haces en tu trabajo?

Mercedes: Estamos en semiologia.net, ahí está la página del instituto, ahí pueden encontrar información de todo lo que este instituto dirigido por el Doctor Alfonso Ruiz Soto, el fundador y ahí encontrarán mis datos. Tenemos también una página en Instagram y tenemos los contactos de teléfono y de WhatsApp.

Alejandro Miranda: Mercedes, ya para terminar y muchas gracias por toda esta lección que nos has dado y todo este conocimiento, ¿algo más que te gustaría añadir?

Mercedes: Me gustaría añadir, pensando en los futuros lectores, ya los estoy viendo y, es más, les mando un saludo desde aquí, para que cuando nos estén leyendo, sepan que intuían o nosotros intuíamos que nos iban a leer. Lo que les quiero decir es lo siguiente, hay tres preguntas que todo ser humano tiene que contestarse.

La primera es, ¿cómo aprendí a ser querido? ¿Qué necesitaba mamá para ser feliz y que entonces me pudiera mirar? ¿Qué necesitaba papá para ser feliz y que entonces me pudiera mirar? y, ¿qué susurran las paredes de la casa de mi infancia? Esas tres preguntas son lo que nos condicionó en la forma en la que vemos el mundo, pero también en la que nos vemos a nosotros mismos.

Estas tres preguntas han surgido de la terapia, una de las cosas por las que los procesos terapéuticos han sido tan exitosos es porque, encontré este caminito, hacemos muy rápido las preguntas y en la medida que te van respondiendo vas encontrando liberación. Estas tres preguntas, ¿cómo aprendí a ser querido?, ¿qué necesita mamá para ser feliz y que me pueda mirar? y ¿qué susurran las paredes de la casa de mi infancia?

Lo que vas a encontrar cuando respondemos esas preguntas, son tus mecanismos de defensa, entonces imagínate que una persona dice, "bueno para que mamá me pudiera mirar tenía que estar la casa limpia, porque mamá ama que la casa este limpia". ¿Yo qué tengo que hacer para ser mirado por mamá?, ser muy limpio, ser muy trabajador, estar ayudando en todo lo que son las tareas de la casa.

Ese mecanismo de defensa se va a convertir, puede ser, en una obsesión por la limpieza, por ejemplo. Esa obsesión por la limpieza va a ser mi "Ash" en la vida adulta, entonces si yo llegó a un lugar y está mal acomodado, digo, "Ash, ¿porqué no son capaces de ordenar aquí y acá?", por eso te decía, lleva la listita de tus "Ash". Ve por ese niño herido que te está esperando con todo el amor y con la esperanza de que algún día vas a llegar, vas a ir por él y le vas a dar sentido, valor y dignidad, le vas a decir mirándolo a los ojos, en una meditación, "no tienes que aprender a ser querido, tienes que tener la certeza de que por razón de lo que eres, eres amado incondicionalmente por mí".

Cuando decimos estas palabras, a la hora que le dices, "por mí", vas a escuchar otra voz mucho más clara, mucho más serena, mucho más profunda, "por mí", por el absoluto, por la divinidad, por el amor, eso es lo que vamos a escuchar y esa es la certeza que tendremos.

Alejandro Miranda: Muy profundo, Mercedes, muchas gracias. Muy contento de haber estado hoy contigo, no sé qué decir, muchas gracias.

Mercedes: Al contrario, ha sido un verdadero placer, les diría que se dejen sorprender por la sincronicidad, eleven su coloratura, es decir, eleven muy bien la emoción que les habita, porque acuérdate que el universo tiene un lenguaje, la oreja del universo solamente escucha las emociones y al hijo de Dios le permite que la emoción que este experimentando la siga experimentando con lo que le da, pero lo pedimos a través de la emoción que nos sustenta, lo importante es la emoción que sustenta la acción, porque la emoción llama a la experiencia. Ha sido un placer Alex, un privilegio.

Alejandro Miranda: Muchas gracias de corazón.

Acerca de Mercedes Sara Martínez Salazar

Psicóloga egresada del ITESO, Terapeuta, en consulta individual, pareja y familia.

Maestría en Consejería, Desarrollo Vocacional y Rehabilitación por la Universidad del Norte de Texas, Certificada en Desarrollo Comunitario.

Catedrática en el Iteso. Experiencia en Psicología Educativa.

Consultor y Comunicador por el Instituto de Semiología de la Vida Cotidiana S.C.

Terapeuta y Conductora acreditada de Grupos de Desarrollo de Conciencia, Cursos y Supervisión de Casos, por el Instituto de Semiología de la Vida Cotidiana S.C.

Mtra. Mercedes Sara Martínez Salazar

Terapeuta y Consultora

Consultor, Comunicador y Supervisor de Casos, en Semiología de la Vida Cotidiana.

Conductora de Grupos de Desarrollo de Conciencia, Tutora y Facilitadora del Colegio de Semiología de la Vida Cotidiana S.C.

Maestría en Consejería Vocacional y Rehabilitación por la Universidad del Norte de Texas, Denton Tx. USA., centrada en el desarrollo de la vocación a través del desarrollo de su carga genética y de su sana personalidad, atención a personas con capacidades diferentes y consejería.

Certificación en Gerontología por la Universidad del Norte de Texas y el ITESO Guadalajara.

Certificación en Desarrollo Comunitario, por la Universidad del Norte de Texas.

Diplomados en Bioenergética y Masaje Relajante, Programación Neurolingüística, Hipnosis Ericksoniana, El uso del Humor y de los Cuentos.

Licenciatura en Psicología, por el Instituto Tecnológico de EstudiosSuperiores de Occidente (ITESO)

Experiencia laboral.

Directora de participación ciudadana del H. Ayuntamiento de Ciudad Guzmán. 1995 -1997

Catedrática en el Centro Universitario del Sur De Jalisco, de la Universidad de Guadalajara. 1995 -1997

Jefatura de Giras y Eventos, del departamento de relaciones públicas del Sistema para el Desarrollo Integral de la Familia del Estado de Jalisco 1997-1998

Coordinadora de Regionalización, del Sistema para el Desarrollo Integral de la Familia del Estado de Jalisco, 1998-2000.

Catedrática, en el Instituto Tecnológico de Estudios Superiores de Occidente, iteso, de Guadalajara. 1998 -1999,

Profesora de las asignaturas de: Psicología, Psicología Comunitaria y Procesos Sociales. Y Titular de la Asignatura del Proyecto de Aplicación Profesional para manejo de grupos de adultos y adultos mayores.

Maestra, de Asignatura en el Instituto Tecnológico de Estudios Superiores de Occidente.

Maestra, de la Universidad Panamericana en el departamento de Pedagogía.

Representante en México, del Centro de Alianzas entre Estados Unidos y México para el Desarrollo de las Comunidades 1997 – 2001

Coordinadora General, de siete Congresos Internacionales, realizados por el Gobierno del Estado de Jalisco, Sistema DIF Jalisco, ITESO, Universidad del Norte de Texas USA., en temas de envejecimiento, combate a la pobreza y desarrollo comunitario sustentable.

En Semiologia de la Vida Cotidiana tenemos un silogismo que dice: conviértete en una persona a la que tu puedas admirar. ARS.

Es un momento crucial en tu vida cuando dejas de culpar o culparte de victimizar o victimizarte, ese es el momento que se deja la adolescencia para convertirte en persona, es decir en un individuo en libertad y con amor.

Firma tu paternidad, da el Segundo nacimiento; conozco, comprendo, perdono y libero a mis padres para conocerme, comprenderme perdonarme y liberarme.

El universo espera por tus creaciones, no te postergues, brilla, brilla, ama.

Contacto Mercedes Sara Martínez Salazar
www.semiología.net

"Si lo deseamos desde el corazón el éxito lo tenemos asegurado"

Conversación con Gloria Barrientos

Alejandro Miranda: Gloria, muchas gracias por darnos tu tiempo hoy. Quisiera preguntarte mirando hacia atrás, ¿existía en tu vida alguna señal o indicio de que poseías en tu ADN el gen de un líderoculto?, es decir, ¿hubo alguna circunstancia en tu vida o algo de tu infancia que te pueda ayudar a ejemplificar esa visión?

Gloria: Quiero decirte que hay algo muy importante que marcó mi vida en mi infancia. Haciendo remembranza de las visitas de mi madre a casa de su comadre.

Hubo un suceso que marcó mi historia de vida, la acompañe a esa casa con la condición de que yo no entraría, que la esperaría en un pequeño portal, hasta que ella saliera, no sé cuánto tiempo pasó, pero seguramente fue mucho el tiempo, porque hasta ella se sorprendió y olvidó mi espera, la voz de mi madre detonó angustia al salir.

Con esta vivencia aprendí el valor de la paciencia por amor y actualmente como líder doy el amor y la paciencia para mi gente.

En otra etapa de mi vida cuando ya laboraba como profesora, recibía 2 pagos, pues tenía doble plaza, los cuales entregaba a mis padres para apoyar a la familia; sin ningún problema con toda la comprensión, con todo el entendimiento y sin reproche alguno, durante los 4 años que estuve trabajando como soltera.

Ahí me di cuenta que cuando tu comprendes una situación y la importancia de estar dispuesto a hacer lo necesario para trabajar en equipo, ya que lo estábamos viviendo en casa, éramos 10 hijos. Eso marcó de manera muy importante mi vida. Me di cuenta que quizá no todo mundo lo puede hacer. Me dije: "yo lo hice y sin ningún problema", con mucho amor hacia mis hermanos y sobre todo a mis padres. Eso me ha servido mucho ahora en mi negocio y en mi vida.

Este fue otro hecho que vuelve a marcar mi historia.

Alejandro Miranda: ¿Puedes describir que tipo de persona eras antes de convertirte en directora *Mary Kay*?, ¿qué tipo de problemas enfrentaste?

Gloria: Era muy tímida, insegura, acomplejada, estaba etiquetada por ser la obediente, la que acataba ordenes… pero sí sabía lo que quería.

Alejandro Miranda: ¿Qué tipo de estudiante eras o qué tipo de trabajo tuviste previo a esto?

Gloria: Creo que como todos; tuve momentos buenos y otros no tan buenos. No fui una estudiante brillante; pero terminé mis estudios.

En el ultimo año de mi carrera como profesora de primaria, tuve que realizar un cambio de escuela y de ciudad porque tenía pendiente una materia. Esto me trajo como consecuencia sentimientos encontrados, tales como tristeza, frustración, soledad, fueron tres meses sin ver a mis padres.

Durante ese momento de mi vida de forma consciente o inconsciente maduró en mí la idea de que ya era el momento de hacerme cargo de mis propias situaciones y de resolver los obstáculos a los que me enfrentaba. Esto me abrió la puerta a cierta independencia.

Ahora al recordar estas vivencias, puedo expresar que fue muy fuerte para mí; pero fueron experiencias que han contribuido a mi crecimiento personal y que ahora sin temor a equivocarme, puedo decir -"Que bueno que pasaron"-.

Al termino de mis estudios mis pensamientos eran ejercer mi profesión como la mejor maestra, dedicando con amor la enseñanza a esos niños y niñas que la recibirían. Seguí preparándome y actualizándome en mi profesión para dar lo mejor de mí.

En mis remembranzas salta el recuerdo de mi niñez; bailaba en la comunidad en diversos festivales que me hacían sentir importante, útil y sobre todo muy bien emocionalmente.

Fui de muy pocos amigos, callada con algo de tristeza en mí.

Durante las vacaciones estudiaba o acompañaba a mi madre a estudiar a Monterrey su carrera como catedrática.

De soltera estudié dos carreras: Normal Básica y Normal Superior y de casada otras dos, Pedagogía y Maestría en Pedagogía. En aquel tiempo era trabajar y estudiar.

Alejandro Miranda: ¿Qué fue lo que te inspiró a tomar la decision en convertirte en Directora Nacional de *Mary Kay*?

Gloria: Mi decisión no fue la más agradable.

Eran mis primeros años de matrimonio, todo iba bien, matrimonio, hijos, casa nueva que acabábamos de construir y estrenar; todo en el lugar y ambiente perfecto: una Villa… San Juan de Sabinas, Coahuila. Ese lugar donde mi esposo y yo pusimos nuestros sueños para hacer una vida juntos y establecernos con la familia.

Pero como todo, cuando se quiere crecer en lo profesional, esto amerita grandes sacrificios y en aquel momento le daba la oportunidad a mi esposo de tener ese crecimiento. Pensé que lo mejor para la familia era mantenernos unidos; mi madre tenía un año de haber fallecido y con todo mi pesar y tristeza dejamos "La Villa" y decidí seguir a mi esposo a una nueva ciudad.

Mi decision traía consigo enfrentarme a esa ciudad que desconocía aún a pesar de que allí había realizado mis estudios, pero no me olvidé de llevar una maleta llena de sueños, metas y proyectos.

Me puse a estudiar y pensé en un negocio: *Mary Kay* Empresa de cosméticos misma que ya conocía, ya que compraba los productos para mi uso personal pues me gustaba su resultado.

Siendo una mujer de fe, me puse en diálogo con Dios. Eran muchas mis preguntas, dudaba de mi decisión, la incertidumbre al cambio me confundía y solo le pedía a Dios que me diera la señal de mi camino; que yo haría todo para que las cosas funcionaran bien. En ese momento no entendía él porque estaba ahí, mi único pensamiento era la importancia de mantener unida a la familia. Mi visión estaba establecida, pero no mi misión.

Decidí empezar a vender los productos **Mary Kay**; entonces una chica de mi lugar de origen me contactó con la persona que me había iniciado en este negocio y así fue como conocí a mi líder. Quisiera comentar que en este proceso de cambios, y ajustes y demás, leí el libro de Alfonso Lara Castilla "La Búsqueda" mismo que me ayudó mucho a entender el concepto de la renovación.

Dios me estaba señalando que había llegado el momento de renovarme, de hacer cambios a mi vida; lo cual no sería nada fácil, pero decidí y tome la determinación de que así sería. Un nuevo estilo de vida era la meta y eso llevaba consigo no tener jefe ni un salario que me limitara; sin darme cuenta eso es lo que me estaba enseñando mi empresa **Mary Kay**.

Acudí al primer seminario de **Mary Kay.** ¡Me Encanto! Desfilaron ante mí mujeres de todas las edades, siendo premiadas con "Trofeos SobreRuedas", joyas, piedras preciosas, viajes, aplausos y cuan gratificante era ver la coronación de reinas y princesa, el debut de Directoras Nacionales que son las que reciben Cheques con varios ceros por delante.

Mi corazón latía fuerte y dije ¡Va!... Yo quiero estar en ese escenario y voy a estar al 100 con **MaryKay.**

Alejandro Miranda: ¿Cuál podría ser una lección importante en tu vida, experiencias pasadas y que siguen repercutiendo al día de hoy en tu manera de trabajar y de hacer negocios?, ¿algún error cometido?, ¿alguna experiencia?, ¿qué nos puedes contar?

Gloria: He tenido muchos errores los cuales me han hecho crecer y madurar. Pero cuando se es ignorante de lo que son los negocios y verlos estos con simpleza y decir "solo son negocios" eso es un gran error y más cuando aspiras a tener un negocio exitoso.

En mis inicios en la carrera de *Mary Kay* la empresa nos pedía que diéramos a probar el producto y enseñar a las mujeres la importancia del cuidado de la piel; eso era fantástico para mí, solo tenía que enseñarles en reuniones como me aplicaba yo el producto en mi rutina diaria; pero al tener mis primeras ventas entro en mí un temor e interrogantes, me sentía mal al pensar que le estaba quitando el dinero a las mujeres… ¿Quién era yo para hacer eso? Que equivocada estaba respecto a lo que es un negocio.

Opté por capacitarme, pues *Mary Kay* no solo me pedía obtener ventas, sino también compartir el negocio, reclutando a otras mujeres para que formaran parte de la empresa y hacer un grupo de compras. Dios me dio la oportunidad de ser invitada a un evento de reclutamiento, solo tenía que llevar invitadas e invite de 60 a 70 personas e imaginé que estas escucharían a las líderes y se iniciarían en la empresa; cual fue mi sorpresa solo una de mis invitadas asistió ya que estaba interesada en iniciarse en el negocio *Mary Kay*. Recuerdo que al momento me pregunto, ¿qué tengo que hacer para iniciar en este negocio? Eso fue música para mis oídos, estaba feliz y le pregunté que si podía esperarme un momento, pues hablaría con alguien que podía ayudarme a contester todas sus preguntas.

Fui en busca de la persona que me inició en *Mary Kay* le dije que mi invitada estaba interesada en iniciarse en el negocio, que si podía apoyarme… y me dijo que sí; que solo le permitiera tomarse su café. Me fui a sentar para esperarla y después de un buen rato regresó y me preguntó por mi invitada; solo le dije ¡Gracias! Ya se fue.

Me quedé en el evento por educación, pues estaba nuestra líder de Monterrey. De regreso a casa iba llorando y al llegar me preguntó mi esposo ¿Qué te pasa? Le conté a mi esposo lo sucedido y la frustración y el enojo que tenía conmigo misma; mi falta de preparación, mi inexperiencia en reclutamiento me tenían en esa situación.

Mi esposo me dijo: "No te preocupes, capacítate, apréndetelo y verás que ninguna invitada se te va a ir viva. Así me dijo ¡Ninguna se te va a ir viva!".

Alejandro Miranda: Hablando de estas experiencias, ¿existe algún fracaso que hayas experimentado en particular que contribuya ahora directamente al éxito que tienes como Directora *Mary Kay*?, ¿sucedió algo que te haya transformado como persona?, ¿algo que te haya hecho diferente, más fuerte?

Gloria: Sí, en cuestión de finanzas realicé transacciones que no debí haber hecho. Tuvimos que poner otro negocio para pagar una fuerte deuda que después logramos liquidar. Pero esta situación me hizo saber y entender que contaba con el apoyo incondicional de mi esposo y, que si habíamos resuelto esto podríamos realizar grandes cosas juntos. El Negocio *Mary Kay* puede darte la economía que tú quieras según tu compromiso de trabajo, entrega, disciplina y pasión. *Mary Kay* te ayuda a salir adelante en cualquier situación económica y lo mejor de todo es que nos brinda la oportunidad de apoyar a otras mujeres en el crecimiento de su propio negocio.

Alejandro Miranda: ¿Qué se siente ser la líder oculta que eres actualmente?

Gloria: Nunca imaginé obtener logros tan significativos y tan importantes en la empresa *Mary Kay*. Sin saberlo, tracé mis metas que me dieron como resultados los primeros lugares en ventas. Unos de mis primeros logros fue el "Trofeo Sobre Ruedas". Aquella mujer que no sabía de negocios, con inseguridad e inexperta ahora contaba una historia diferente. Ya no era la misma, mi autoestima era otra, y hoy me siento muy orgullosa de mí misma.

El camino no ha sido nada fácil, pero lo he disfrutado en lo bueno y en lo no tan bueno. He estado en varias ocasiones en ese escenario que me cautivo en mi primer seminario, he obtenido casi todos los trofeos, coronas, aplausos, joyas, viajes, el "Trofeo sobre Ruedas", cheques con varios ceros por delante y el Máximo Nivel en la Compañía: "Directora Nacional Senior *Mary Kay*".

Todo se volvió realidad con el apoyo incondicional de mi esposo y de todas esas mujeres que confiaron en mí y que ahora ellas también están obteniendo logros en la empresa. *Mary Kay* fue la mejor opción. Ha sacado lo mejor de mí y no puedo dejar de agradecer a Dios por ser mi guía en esta carrera.

Alejandro Miranda: ¿Qué tipo de personas ayudas o qué tipo de problemas resuelves a través de *Mary Kay*?

Gloria: Las mujeres son la parte fundamental de *Mary Kay* México. Es una empresa para mujeres. Es increíble todo lo que se puede lograr. La libertad que nos da la empresa para llevar nuestro propio negocio; sin dejar de lado el crecimiento personal que es lo más importante, pues nos hace sentir seres especiales y nos otorga el reconocimiento a nuestro esfuerzo, al desempeño.

En esta empresa cada mujer decide, cada una pone sus límites. Si lo deseamos desde el corazón; el éxito lo tenemos asegurado. Todo esto es **Mary Kay** y yo soy prueba real de ello.

Alejandro Miranda: ¿Qué haces para recargarte fuera de tu trabajo?, ¿cuáles son tus pasatiempos?, ¿con que tipo de personas convives fuera de **Mary Kay**?

Gloria: De niña mis padres me llevaban a una ciudad que es frontera con Piedras Negras Coahuila, México; se llama Eagle Pass, Texas y siempre me gustó; ahora sigo visitando este lugar con mi esposo y ambos lo disfrutamos muchísimo. Recorremos siempre los mismos lugares.

Me encantan las reuniones familiares con mis hijos, hermanos y ahora también con mis nietos; todos ellos son parte de mi tiempo, mismo que comparto con gozo. Disfruto mucho los viajes con los que me premia la empresa en los que además de conocer lugares hermosos he hecho entrañables amistades.

Alejandro Miranda: Si pudiéramos viajar en el tiempo y pudiéramos darle un consejo a una versión anterior de Gloria Barrientos al éxito que vives hoy ¿qué consejo le darías?

Gloria: Que siga siendo lo que siempre ha sido. Gloria la tímida, insegura, acomplejada, confundida. ¡Te Amo! ¡Eres el Tesoro más preciado! ¡Tienes todo para hacer de mí una mujer completa!

Esto ha sido el laberinto perfecto para encontrarme y ser lo que ahora soy.

"Te agradezco Gloria porque gracias a ti logré el sueño de alcanzar el éxito".

"Gloria te debo tanto que solo puedo decirte que lo hiciste excelente".

"Un fuerte abrazo y un eterno beso… y no me sueltes porque eres tu quien inicio mi historia"

Alejandro Miranda: ¿Cómo podemos saber un poquito más sobre tu negocio, sobre lo que haces en *MaryKay*?

Gloria: *Mary Kay* tiene presencia en 40 países. México tiene su propia página que es www.marykay.com.mx y también conmigo a través de una entrevista, puedo compartirles cómo funciona *Mary Kay*. En este momento *Mary Kay* México tiene el reto de dar 100,000 empleos razón por la que todas las mujeres mexicanas y chicas *Mary Kay* hoy en día tenemos muchísimo trabajo. Esperamos pronto estar en muchos más hogares de nuestro México.

Alejandro Miranda: Gloria gracias. Ya para terminar y te agradezco enormemente tu tiempo. ¿Algo más que quieras agregar a esta entrevista?

Gloria: Solo agradecerte en nombre de *Mary Kay* y del mío propio, así como invitar a todas las mujeres a aventurarse en *Mary Kay* para cambiar su estilo de vida y la de sus familias.

Gracias por todo, mi gratitud, respeto y honor para ti Alejandro.

Acerca de Gloria Barrientos

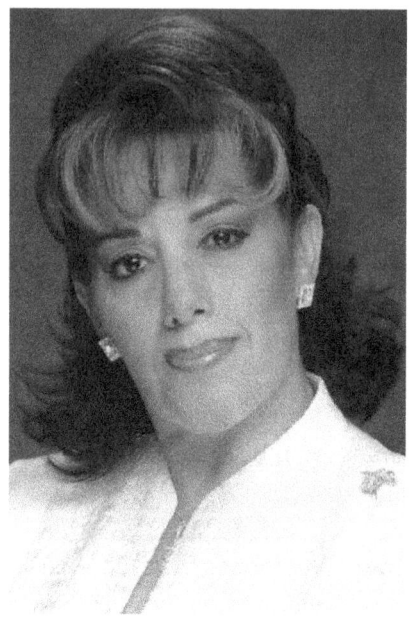

Primaria, secundaria, profesora en Educación Primaria, Normal Superior, Artes Escénicas, Especialidad en danza (nivel secundaria), Licenciada en UPN (Universidad Pedagógica Nacional), maestría en Pedagogía, cursos en Psicología Sistémica, talleres en finanzas, emociones, espirituales, desarrollo humano y meditación, impartidos por el Licenciado Alejandro Miranda Torres

Mary Kay cosmétics es una compañía formada para dar servicio a través del producto y así llegar a más vidas, donde se reconoce el esfuerzo con diamantes, trofeos sobre ruedas, viajes internacionales, excelentes bonificaciones, bonos y retiro (un gran futuro).

Sus prioridades de dios, familia y trabajo han impactado en más de 40 países.

Mary kay más que un negocio es un estilo de vida

Contacto Gloria Barrientos
www.marykay.com.mx

"El liderazgo para mi significa ser una buena persona, servir a los demás y manejarse de forma inteligente y positiva ante la vida"

Conversación con Alfonso Daniel Miranda Torres

Alejandro Miranda: Quisiera preguntarte Alfonso, mirando hacia atrás, ¿existía algún tipo de señal o indicio de que poseyeras el ADN o el gen de un líder oculto? Es decir, ¿algunas situaciones o circunstancias en tu vida en que pudieses tener esa visión o que nos compartas alguna historia de tu infancia?

Alfonso: El líder oculto que tengo viene genéticamente de mi padre, él fue en el que me reflejé siempre, su autodisciplina, su manera de hacer el bien a los demás, el saber como resolver los problemas que se presentaban, y eso impregnó mi ser durante toda mi vida, verlo a él me ayudó a aprender a ser un líder.

Alejandro Miranda: ¿Nos puedes describir qué tipo de persona eras antes de convertirte en Cirujano Plástico? Es decir, ¿qué tipo de estudiante eras?, ¿qué trabajos tuviste?, ¿qué problemas enfrentabas, por ejemplo?

Alfonso: Siempre fui un estudiante dedicado, me gustaba mucho el estudio que llevaba a cabo, considero que fui un buen estudiante siempre con las ganas de querer ser alguien y de superarme. Aunque como todo en la vida, hubo algunas materias que no me llamaban mucho la atención, pero desde el punto de vista médico, nunca dudé en estudiar eso, siempre me apliqué a fondo, creo que fui un buen estudiante con buenas calificaciones y tuve muy buenos resultados.

Alejandro Miranda: ¿Qué te inspiró a tomar la decisión de convertirte en Cirujano Plástico?, ¿alguien que conociste, algún libro que hayas leído, algún momento específico en tu vida?

Alfonso: A pesar de que mi padre era médico, él era traumatólogo, a mí me llamó mucho la atención ser cirujano plástico. Cuando estaba en segundo semestre de la carrera de medicina, vi un poster en la facultad que decía, "Curso Internacional de Cirugía de Mano". Me llamó mucho la atención, me inscribí a ese curso, y ahí se me abrió un amplio panorama de lo que yo quería, al enterarme de que la cirugía de mano la realizaban los cirujanos plásticos, es cuando decidí serlo.

Alejandro Miranda: ¿Qué te motiva y apasiona para hacer lo que haces, y ayudar a la gente que ayudas?

Alfonso: Mi pasión es la cirugía. Dios me dió los dones para poder realizar técnicas que dan satisfacción a las personas, y más aún, la labor altruista que hago con pacientes de pocos recursos. Eso me mantiene dentro de mi ciclo profesional y le da mucho equilibrio a mi persona.

Alejandro Miranda: ¿Cuál es una lección importante en tu vida, una experiencia de la que hayas aprendido y que sigue repercutiendo actualmente en la manera en que te desarrollas profesionalmente e incluso en la manera en que haces negocio?, ¿algún error cometido, alguna experiencia?

Alfonso: En cuanto el ¿cómo lograr ser alguien en la vida? Tuve una mala experiencia hace algunos años, y esta fue observar que las personas siempre se conformaban con algo, con lo que obtenían, yo en cambio buscaba siempre ir más adelante, siempre me gustó llegar al límite de las cosas, eso me dio la disciplina y la fortaleza para lograr mis objetivos.

Ello me ayudó a visualizar las malas experiencias, ver como otras personas con quienes me rodeaba no lograban resultados adecuados, eso me enseñó a formar mi propia condición, mi propio carácter, mis propias metas y entonces buscar diseñarlas y desarrollarlas.

Alejandro Miranda: ¿Has experimentado algún fracaso que contribuya directamente al éxito que tienes en la actualidad?

Alfonso: Toqué fondo con un problema que tuve con personas ajenas a mi profesión, quienes mediante la corrupción y prácticas deshonestas que hay en este país en el que vivimos, me hicieron aprender mucho. Fracasé económicamente y eso me dio las agallas, la inteligencia y la fuerza para salir adelante; esto me llevo a leer libros de superación personal, ir a conferencias, dedicar más tiempo a la autorreflexión. Todo esto me ayudó a obtener la inspiración para poder ver las cosas de otra manera, lograr ser más positivo y poder salir adelante. Eso ya está superado. Hoy en día, tengo condiciones inmejorables en vida.

Alejandro Miranda: ¿Puedes ayudarnos a entender cómo esto transformó tu vida para ser una mejor persona, ser diferente, ser más fuerte?

Alfonso: Me sirvió mucho acercarme a personas que tienen más experiencia que yo en esos terrenos. Fue importante para mí platicar con ellos, aprender de sus experiencias, pero sobre todo aprender de mis propios errores y reflexionar sobre ellos. Hice meditación y fui limpiando poco a poco las cosas negativas que había en mi vida y entonces poder transformarlas en algo positivo. Esto me ha ayudado a ser una mejor persona.

Alejandro Miranda: ¿Qué se siente ser el líder oculto que eres actualmente?

Alfonso: Satisfacción, no me siento una persona excelsa o extraordinaria, simplemente me gusta ayudar a mis congéneres, a los seres humanos, me gusta brindar mi mejor esfuerzo para obtener los mejores resultados, y dar siempre ese extra que se necesita en un líder para salir adelante.

Alejandro Miranda: ¿Puedes describirnos un poco tu negocio actual o tu actividad, a qué tipo de personas ayudas, qué tipos de problemas resuelves?

Alfonso: Soy Cirujano Plástico Estético y Reconstructivo, la tarea de un cirujano plástico es muy amplia, resolvemos problemas de accidentes, de quemaduras, hacemos microcirugías de mano y también de cirugía estética. En lo personal hago práctica privada y también soy profesor en la Universidad, es importante para mí ayudar a las nuevas generaciones en su aprendizaje y formar mejores profesionistas dentro de mi rama profesional.

Otra de las cosas que también hago con mucho gusto, es que tengo más de 26 años participando en campañas nacionales e internacionales de forma altruista, con niños de cirugía de labio y paladar hendido, y eso me ha ayudado todavía más a ampliar mi panorama de ayuda a lo demás.

Alejandro Miranda: Alfonso, sé que eres un hombre muy ocupado y tienes tus horarios de consulta llenos, siempre con muchas cirugías programadas.

¿Qué haces para recargarte fuera de tu vida profesional?, ¿cuáles son sus pasatiempos o con qué tipo de personas pasas tu tiempo fuera de tu actividad profesional?

Alejandro Miranda: Una de las cosas que me sirve mucho para recargar la energía y las pilas es estar en la naturaleza. Me gusta mucho convivir con animales, apreciar los paisajes, olvidarme de las cosas mundanas, me gusta mucho la lectura, practico el fútbol soccer, y me gusta mucho estar con mis amigos en ese tipo de deportes. También soy amante de la fiesta brava y todo lo relacionado al arte, la música, la escultura, la arquitectura, la literatura, y teatro. Soy muy apasionado en todo ello y eso me da un equilibrio en mi profesión.

Lógicamente también mi familia es muy importante y trato de pasar el mayor tiempo posible con ellos, todo ello me ayuda a mantener equilibrio en todas estas areas de mi vida.

Alejandro Miranda: Si pudiéramos retroceder en el tiempo y darle un consejo a una versión de Alfonso Miranda anterior a lo que eres hoy, un hombre exitoso, ¿qué consejo le darías a esa versión de ti mismo?

Alfonso: Que siempre luche por sus ideales, que sean siempre los hechos no las palabras las que hablen, que todo se consigue a base de disciplina, de esfuerzo y que teniendo estas características puede tener lo que el quiera.

Alejandro Miranda: ¿Cómo podemos conocer más sobre tu actividad?

Alfonso: Yo trabajo en el Hospital San Javier en Guadalajara, soy profesor a nivel nacional e internacional, pueden contactarme en mi correo mirandacirujano@yahoo.com.mx, o en mis páginas de Facebook alfonsomiranda-cirujanoplástico y/o mirandacirugiaplástica.

Alejandro Miranda: Finalmente Alfonso, ¿algo que quieras agregar antes de despedirnos?

Alfonso: El liderazgo para mí significa ser una buena persona, servir a los demás y manejarse de forma inteligente y positiva ante la vida.

Alejandro Miranda: Muchas gracias.

Acerca de Alfonso Miranda Torres

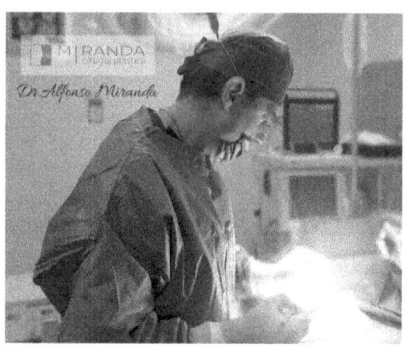

Cirujano Plástico Estético y Reconstructivo

Egresado del Hospital 20 de Noviembre ISSSTE México DF

Ex Alumno Dr. Ivo Pitanguy Rio de Janeiro Brasil

Profesor Cirugía Plástica Universidad de Guadalajara Hospital Civil

Presidente Colegio de Cirujanos Plásticos de Jalisco

Ex Presidente Asociación Mexicana de Cirugía Plástica Región Occidente

Cirujano altruista con mas de 26 años de trayectoria en jornadas nacionales e internacionales de labio y paladar hendido

Practica privada Hospital San Javier, Guadalajara Jalisco

Contacto Alfonso Miranda Torres
https://www.facebook.com/MirandaCirugiaPlastica/

"El único responsable para que se cumpla un sueño es uno mismo, hay que trabajar duro y de manera constante"

Conversación con Juan Diego González

Alejandro Miranda: Juan Diego, mirando hacia atrás, ¿existía algún tipo de señal o indicio de que fueras o tuvieras en tu ADN el gen de líder oculto?

Juan Diego: Alejandro gracias a ti por invitarme. Creo que es esa hambre de crecer, de tener. Desde los siete u ocho años de edad, cuando estaba en la escuela primaria. Mientras mis compañeros platicaban de caricaturas, de en dónde se iban a juntar por la tarde a jugar, yo siempre en mi mente tenía querer tener, por ejemplo: comprar un becerro, ¿qué iba a ser yo en los siguientes años?, ¿a dónde iba a ir?, ¿en que iba a trabajar? Creo que eso es lo que yo pensaba desde chico.

Alejandro Miranda: ¿Tienes alguna historia de tu infancia que te lleve a ese espacio donde veías que tenías cierto liderazgo?

Juan Diego: Una historia de mi infancia era que cuando tenía doce o trece años, yo trabajaba por las mañanas. Solo fui hasta primero de secundaria, me levantaba a las 6 de la mañana para ir a ordeñar con mi papá, terminábamos a las 10 de la mañana.

Para poder tener dinero trabajaba descargando camiones de pastura o echaba abono con otras personas a las cosechas de maíz. Eso era en el lapso de 10 am a 2 pm para luego regresar a ordeñar de 3:00 pm a 6:00 pm.

Alejandro Miranda: ¿Qué tipo de persona eras antes de convertirte en el empresario que eres hoy?, no sé, ¿qué tipo de trabajos tuviste?, ¿qué problemas enfrentaste?, ¿qué tipo de estudiante eras?

Juan Diego: La escuela poco me gustó, siempre ocupé mi tiempo buscando oportunidades o tratando de tener una mejor manera de vivir. Como lo comenté, mi primer trabajo fue ordeñando con mi papá. A los 18 años emigré a Estados Unidos, estuve viviendo 17 años en Estados Unidos de los cuales 11 años los trabajé en la construcción.

¿Cómo era yo? Era ambicioso, siempre consciente de que iba por un sueño, de que tenía que estar cuidando lo que hacía, porque el sacrificio de estar en otro país no había que desperdiciarlo, debía aprovechar cada oportunidad y darme cuenta de que la vida va pasando y si no veía que iba avanzando, entonces había que revisar lo que estaba haciendo.

Después de 11 años en la construcción, recuerdo que una persona me invitó a trabajar en Nuevo México, me fui 6 años a trabajar en cocinas de restaurantes. Me moví debido a la recesión económica que pasó en el año 2008, ya que el primer efecto negativo que tuvo la economía fue en sector de la construcción.

El trabajo en Nuevo México fue una escuela muy buena, ya que eran jornadas de 16 ó 17 horas por día y el trabajo consistía en dar de comer a grupos numerosos de personas en la industria de la filmación, aprendí mucho. Entendí que cuando se va en busca de un sueño siempre hay que ser persistente y estar buscando mejorar constantemente.

Alejandro Miranda: ¿Qué fue lo que te inspiró a convertirte en empresario?, ¿alguna persona que conociste?, ¿algo que hayas leído?

Juan Diego: A mí lo que me inspiró fue buscar ser independiente, esas ganas de mejorar, no tenía experiencia, ni recursos, pero se dió la oportunidad. Gracias a la invitación de Noé y la sociedad también con Oscar, dos de mis hermanos, aprendimos a hacer equipo y desarrollar nuestro trabajo sin diferencias, eso siempre es muy motivante y hemos tenido resultados exitosos.

Alejandro Miranda: ¿Cuál podría ser una experiencia importante del pasado que siga repercutiendo al día de hoy para hacer lo que haces?, ¿para hacer los negocios que tienes y trabajar en lo que trabajas?

Juan Diego: Fue el pasar de indocumentado a los Estados Unidos. Pasé 15 días en la frontera durmiendo en las orillas de Tijuana algunas veces y otras en Ciudad Juárez. Estuve varios días sin comer, aprendí que cuando la vida nos regala la oportunidad, uno mismo es el responsable de tomar decisiones, saber qué rumbo tomar. Para mí siempre un negocio es servir a alguien más, y eso considero es una gran responsabilidad.

Para mí es muy importante mantener la confianza de quien me la brinda y me da mucho placer trabajar y servir en mi propia tierra, en el lugar en que nací.

Alejandro Miranda: ¿Has experimentado algún fracaso que contribuya ahora directamente con el éxito que tienes?

Juan Diego: Fracaso no. Todo ha sucedido gracias a pequeñas necesidades de tener algo, por ejemplo, cuando era niño quería tener unos zapatos nuevos. Esas son las pequeñas cosas que me han permitido tener la energía para cuidar y valorar lo que hago y tengo.

Alejandro Miranda: ¿Qué se siente ser el líder oculto que eres actualmente?

Juan Diego: Es una responsabilidad en el día a día, tanto con los clientes como con mis compañeros de trabajo, porque los clientes son quienes confían en nosotros y no podemos fallarles. Nuestro equipo humano y todos los compañeros de trabajo en general son quiénes hacen que las cosas sucedan. Por eso creo que es una gran responsabilidad ser un líder oculto.

Alejandro Miranda: Descríbeme más o menos Juan Diego, ¿cómo es tu negocio actual?, ¿a qué tipo de personas ayudas?, ¿qué tipo de problemas resuelves?

Juan Diego: Nuestra empresa es joven y está dedicada a la decoración, estamos en crecimiento y nuestro trabajo es crear, implementar e innovar productos para la decoración e iluminación de empresas y casas habitación.

Nuestra organización tiene un enfoque para ayudar a que los jóvenes del pueblo tengan un empleo y algunas veces poderles compartir un consejo si hay alguna circunstancia que se presente y lo amerite.

Si surge algún problema no importa el momento o la hora, simplemente hay que actuar, buscar ser responsables y hacerlo.

Alejandro Miranda: Sé que eres una persona muy ocupada, ¿qué haces para recargarte fuera de tu negocio?, ¿cuáles son tus pasatiempos?, ¿con qué tipo de personas pasas tu tiempo libre?

Juan Diego: Mi pasatiempo es mi familia, caminar en el rancho. ¿Con quién paso el tiempo?, con mis padres, hermanos y amigos.

Alejandro Miranda: Si pudiéramos retroceder en el tiempo, si tuviéramos la oportunidad de darle un consejo a una versión de Juan Diego González anterior a lo que eres hoy, ¿qué le dirías?

Juan Diego: Aprovecha el tiempo, ten la claridad de lo que quieres, ve a buscar lo que deseas en la vida. Algunas veces creemos que tener necesidades o limitantes económicas es malo, sin embargo es la mejor herramienta del ser humano. Cuando se tiene esa hambre de crecer, solo basta un sueño claro para ir por él, sólo hay que ser consistente.

El único responsable para que se cumpla ese sueño es uno mismo, hay que trabajar duro y constante. Aprovechar esa fuerza que la adolescencia y la juventud dan, para el desarrollo en nuestro trabajo y estudios. Buscar constantemente mejorar hábitos, la cultura le gana a cualquier estrategia.

Aprender a servir a los demás es parte importante para el éxito, la vida no es justa, pero si recompensa cada acción que realizas. Es por eso que se debe tener claro que si deseas algo, para conseguirlo se necesitan valores, respeto, actitud, liderazgo y persistencia, siempre siendo uno mismo, sin tratar de imitar a alguien más.

La vida es una experiencia propia fabulosa qué cada quien vamos desarrollando, tenemos la libertad de escoger qué queremos y a dónde deseamos ir. La construcción de una habitación se termina en un mes, sin cimientos, pero los edificios llevan más tiempo, necesitan cimientos fuertes, hechos con honestidad y valores, mantener esa hambre de querer ser, buscar tener energía en la vida para saber lo que deseamos construir.

Alejandro Miranda: ¿Cómo podemos saber más sobre tu negocio?

Juan Diego: Buscar en la web a Farz.

Alejandro Miranda: La página de ustedes es www.farz.com.mx.

Juan: Correcto.

Alejandro Miranda: ¿Algo más que quieras agregar? A lo mejor una pregunta obligada para mí, es ¿qué se siente o cómo se lleva un negocio de esta magnitud con dos de tus hermanos?

Juan Diego: Es una experiencia bonita, porque lo primero que necesitas es ser consciente de que eres hermano y socio. Es trabajo y se toman muchas decisiones de manera conjunta, existen momentos en los que no estamos de acuerdo sobre algún tema pero es parte del negocio, porque se trata de distintas visiones y al final somos capaces de llegar a un acuerdo con responsabilidad y respeto, siempre en beneficio de la organización.

Alejandro Miranda: ¿Algo que quieras agregar Juan Diego?

Juan Diego: Agradecerte Alejandro y muchísimas gracias por la invitación.

Alejandro Miranda: Gracias a ti Juan Diego.

Acerca de Juan Diego González

Juan Diego González, nació el 8 de abril de 1979 en Arandas Jalisco . Creció dentro de una familia humilde y trabajadora con aspiraciones de mejorar su vida. Actualmente es Director de Operaciones de Persianas Farz.

Contacto Juan Diego González
www.farz.com.mx

*"Soy dueño de mis pensamientos
y esclavo de mis palabras"*

Conversación con Noé González

Alejandro Miranda: ¿Mirando hacia atrás existe alguna señal o indicio de que poseías el ADN, el gen de líder oculto?, es decir, ¿hay alguna situación o circunstancia en tu vida en la que pudiste haber tenido esa visión? No sé si tengas algún par de ejemplos, historias cortas de tu infancia.

Noé: Alejandro, creo que sí había algo en el ADN, pero también creo fueron las circunstancias en las que crecí. Nací en una familia en el que soy uno de 10 hermanos. Cuando perteneces a una familia numerosa hay muchas responsabilidades que asumir, mucho que aportar. Eso logra que madures muy rápido, como granos de palomitas en el microondas.

Creo siempre mostré interés en el comercio, pues desde chico vendía bolis y aguas frescas a los peregrinos y a los deportistas de mi pueblo.

Alejandro Miranda: ¿Puedes describir qué tipo de persona eras antes de convertirte en empresario?, es decir, ¿qué tipo de estudiante fuiste?, ¿qué tipos de trabajo tuviste?, ¿qué problemas enfrentaste en aquellos años?, ¿qué metas tenías?

Noé: Nací y crecí en un pueblo de 6.000 habitantes en el maravilloso pueblo de Santa María del Valle, Jalisco. Mi niñez y adolescencia fueron en un entorno de vacas, de campo apoyando a mi padre. A los 18 años emigré a los Estados Unidos buscando el sueño americano, donde desempeñé labores como lavar platos y preparador de comida. Siete meses después de estar en Estados Unidos, me di cuenta que no era lo mío. Como estudiante fui un estudiante regular, nunca un estudiante de buenas calificaciones, sin embargo las matemáticas y los números fueron lo mío.

Tuve muchos tipos de trabajo, tuve la oportunidad de ordeñar vacas, trabajé en la agricultura, en una taquería, hice ladrillos, entre otras cosas. Mi meta en ese entonces era trabajar para tener dinero. Posteriormente me enfoque en desarrollar mi negocio y tener una familia.

Uno de los problemas que enfrenté fue una parálisis facial a los 20 años de edad. Estaba incursionando en un mundo distinto (la decoración) al que yo estaba acostumbrado y el iniciar algo en lo desconocido me dio miedo. Fue una gran escuela, me di cuenta que detrás de la obscuridad hay una luz. En ese momento iniciaba un negocio de venta de persianas al consumidor final (Dosel es la empresa) y nueve años más tarde junto con mis hermanos y actuales socios desarrollamos una empresa que actualmente tiene presencia en toda la república (Persianas Farz).

Alejandro Miranda: ¿Qué te inspiró a tomar la decisión en convertirte en empresario, fue algún momento específico en tu vida?

Noé: ¿Que me inspiró Alejandro? Siempre quise ser alguien, yo quería hacer cosas grandes. La oportunidad se da cuando en una plática con un gran amigo mío, el señor Epigmenio.

Le comenté que yo quería fabricar los productos que en ese momento comercializaba (persianas) a terceros y sus palabras fueron: "No lo suelte Noé, yo le ayudo". Lo comenté con mi hermano Oscar quien es actualmente mi socio y le interesó mucho. De allí nace la empresa Persianas Farz en el año 2009. Con ese proyecto iniciamos a comprar materia prima y hacer la transformación del producto terminado. En ese momento éramos 5 colaboradores.

Alejandro Miranda: ¿Hubo alguien que hayas conocido, algún libro que leíste, algo en particular que hoy te motive y te apasione para hacer lo que haces y ayudar a la gente que ayudas?

Noé: Varias cosas Alejandro. Creo que en cada etapa de mi vida siempre ha habido personas (mentores) que han sido un motivante para levantarme en los momentos de duda o miedo. En cuanto a lectura hubo un libro que despertó mi interés en dos cosas, una por la lectura y otra en entender el juego del dinero. El libro se titula "Padre Rico, Padre Pobre" de Robert Kiyosaki. Pero creo que la motivación, lo que me motiva y me da energía es mi familia, estar en el campo, ver los animales y convivir con nuestros colaboradores.

Alejandro Miranda: ¿Hay alguna lección importante que hayas aprendido de alguna experiencia en el pasado y que siga repercutiendo en tu manera de hacer negocios como los haces hoy en día?

Noé: Creo que siempre existen campos de oportunidad, pero una que llevo en mi mente es prepararme y estar presente física y mentalmente antes y durante una reunión. "Pues soy dueño de mis pensamientos y esclavo de mis palabras".

Alejandro Miranda: ¿Has experimentado algún fracaso que contribuya directamente en el éxito que tienes como empresario en la actualidad? Si es así, ¿qué sucedió?, algo Noé, que te haya transformado para ser una mejor persona, ser diferente y ser más fuerte.

Noé: No exactamente algo, creo que las mismas experiencias del día a día te van formando. Algo que considero me ha servido mucho, es ser abierto, siempre he tenido presente el estar en una mejora continua. Pues nunca he dejado de aprender.

Alejandro Miranda: ¿Qué se siente Noé ser el líder oculto que eres actualmente?

Noé: Creo que ser líder es un gran compromiso con uno mismo y con los demás. Es tener la convicción de servir y guiar con el ejemplo, pues las palabras guían pero el ejemplo arrastra. Es maravilloso saber que puedes inspirar, sumar valor a jóvenes a emprender un viaje hacia sus sueños.

Alejandro Miranda: ¿Puedes describir un poco cómo es tu negocio actual, a qué tipo de personas ayudas, qué tipo de problemas resuelve tu negocio?

Noé: Somos una empresa dedicada a la fabricación de productos para el control de la iluminación interior y exterior. Nuestro objetivo principal es añadir valor a nuestros clientes (distribuidores y consumidores finales). Nos enfrentamos a muchos problemas, pero un reto clave es la guerra de precios que se vive en el mundo del comercio y los negocios. En Farz somos una empresa humana, con valores y principios, tenemos la convicción que los negocios no crecen por sí solos, ¡es importante que primero crezcamos como personas!

Alejandro Miranda: ¿Cómo te recargas fuera de tu negocio?, ¿cuáles son tus pasatiempos?

Noé: ¿Como me recargo? Creo que en los viajes, visitando los clientes, platicando con los colaboradores, pero la mejor batería para mí es la naturaleza. Mi pasatiempo favorito es estar con mi familia y en el campo.

Alejandro Miranda: Además de tu familia, ¿con qué tipo de personas pasas tiempo fuera de tu negocio?

Noé: La verdad es que la mayor parte del tiempo estoy en mi trabajo o con mi familia, pero procuro hacerlo con gente que resuelve problemas, que sabe sumar a la vida de otras personas.

Alejandro Miranda: Si pudiéramos retroceder el tiempo y darle un consejo a una versión de Noé González anterior al éxito que tienes hoy en día, ¿qué consejo le darías?

Noé: Me daría el siguiente consejo, "que por encima de todo debo buscar ser feliz, en trabajar en descubrir mi objetivo de vida, desarrollar mi nivel de conciencia, vivir en el presente, amar mucho y desarrollar la habilidad de escuchar, son unos de los consejos que le daría a ese Noé, de años anteriores.

Alejandro Miranda: ¿Cómo podemos saber más sobre tu negocio?

Noé: Una es a través de nuestra página web que es www.farz.com.mx, nuestra página de Facebook https://www.facebook.com/Persianas-farz e Instagram Persianas Farz y la otra es a través de nuestra red de distribuidores que tenemos por toda la República Mexicana. Mi correo es noe@farz.com.mx

Alejandro Miranda: Una pregunta obligada Noé, teniendo un negocio tan complejo como el que tienes, ¿cómo manejas esto?, ¿qué se siente tener un negocio de esa naturaleza con dos de tus hermanos?

Noé: La verdad es una experiencia maravillosa, cada quien tiene su rol de trabajo y responsabilidades, pero considero que la clave ha sido la honestidad y confianza que existe. ¡Creo que mis padres hicieron un gran trabajo con nosotros!

Alejandro Miranda: Muchas gracias. ¿Algo más que quieras agregar antes de despedirnos?

Noé: Muchas gracias a ti Alejandro por invitarme a compartir un poco de mi vida.

Alejandro Miranda: Muchas gracias Noé.

Acerca de Noé González

Noé González, un joven empresario, inversionista Mexicano y Director Ejecutivo (CEO) de la Empresa Mexicana de Persianas Farz.

Logros Personales: Nació y creció en Santa Maria del Valle, en los altos de Jalisco. Donde paso su niñez y adolescencia al lado de sus padres desempeñando labores en el campo. A los 18 años emigró a los Estados Unidos (probando el sueño americano). Donde desempeño el puesto de lavaplatos y preparador. Siete meses después regresó a su tierra natal. En el año 2001, incursionó en el ámbito de la decoración, iniciando con un punto de venta con una persona más. En el año 2006 se independizó enfrentando miedos a lo desconocido.

Con la energía, ganas y hambre de crecer, en el año 2009 inició un nuevo proyecto junto con dos de sus hermanos y actuales socios. FARZ, en la fabricación y distribución de persianas. Con una sola meta, "hacerlo". Teniendo como objetivo ofrecer servicio a un mercado habido de ello. Donde el menciona "Farz ha sido la mejor universidad de mi vida"

"Ser un líder Integro apoyando jóvenes emprendedores"

Contacto Noé González
https://www.farz.com.mx

"No prestes el lápiz con el que escribes tu historia, se tú mismo el autor"

Conversación con Oscar González

Alejandro Miranda: Oscar González, muchas gracias por estar el día de hoy aquí dándonos un poco de tu tiempo. Preguntarte, mirando hacia atrás, ¿existía algún tipo de señal o indicio en tu vida de que posees el ADN o el gen de un líder oculto?, es decir, ¿hay alguna circunstancia en tu vida o algún ejemplo que nos puedas dar de tu vida en relación a esto?

Oscar : Muchas gracias por la oportunidad y tomarme en cuenta en tu proyecto. La respuesta a tu pregunta es sí. Hay una experiencia muy en particular que viví cuando tenía 17 años, es la que más marcada tengo en mi vida.

Cuando me encontraba en la frontera con los Estados Unidos, estando con un grupo de personas con los que íbamos a cruzar, nos preguntaron quién se ofrecía para liderar el grupo para reunirnos con el coyote (guía) y levanté la mano sin pensarlo. Después de esta experiencia sentí una gran satisfacción la cual me ayudó en el proceso de llegar a mi destino. Esa fue una experiencia que nunca he olvidado y hasta el día de hoy sigo aplicando el principio de la iniciativa personal como método de solución ante las adversidades en la vida y en los negocios.

Hoy en día, ese principio sigue apareciendo en cada circunstancia difícil de mi vida y lo implemento para salir adelante.

Alejandro Miranda: Cuéntanos un poco ¿qué tipo de persona eras antes de convertirte en el empresario que eres hoy?, no sé, ¿qué trabajos tuviste?, ¿qué problemas enfrentaste?, ¿qué metas tenías?

Oscar: Era una persona muy tímida, con muchos sueños. Existían esos sueños de querer tener, de querer viajar por el mundo, lo tenía en mi mente siempre como un sueño. Tenía muchos miedos a todo, ya fuera sea levantar la mano o preguntar algo. Me enfrenté a muchísimas adversidades. Uno de los miedos más arraigados, y que creo era el principal, era romper con los paradigmas. Ese es el obstáculo más importante que considero un humano tiene que enfrentar.

Porque esos paradigmas nos opacan, nos mantienen ocultos de la realidad de quién somos.

Alejandro Miranda: ¿Qué te inspiró a tomar la decisión de convertirte en el empresario que eres hoy?, ¿alguien que conociste?, ¿algún libro que leíste?, ¿algún momento específico en tu vida?

Oscar: Hay tres puntos que son críticos en esta decisión; El primero fue un libro, el segundo mi rutina laboral y el tercero una persona. El primero fue un libro que yo leí, se llama, *Padre Rico, Padre Pobre de Robert Kiyosaki,* ese libro lo leí a los 17 años, es una edad muy específica en la cual los seres humanos necesitamos obtener información valiosa para encauzar nuestro destino, el cual para mí es hoy día uno de los pilares de lo que soy. Otro punto muy importante es que fue mi primer libro leído.

Creo que el primer libro es fundamental para nuestra formación. Se podrían leer cien o doscientos libros en la vida, pero el primer libro siempre resalta mucho más que cualquier otro. Este libro a mí me marcó en la vida, ya que habla del manejo de recursos, paradigmas, acciones que un ser humano tiene que enfrentar y hacer para que las cosas sucedan.

Este libro explica la diferencia del porque unas personas generan abundancia y porque otras no. El que genera abundancia tiene la posibilidad de cambiar mayor cantidad de vidas para bien y yo quería ser una de ellas.

La segunda fue mi rutina laboral, en ese entonces para ir a mi trabajo requería levantarme a las 2:00 am. Cada vez que sonaba el despertador siempre me decía que tenía que hacer algo para cambiar esa situación. Duró 20 años esta práctica. No fue ni una semana, ni dos meses, fueron 20 años que viví repitiendo esta actividad en mi vida que "no" quería hacer. Mi diálogo interno me decía que la noche era para dormir, mi vida no tenía lógica con la actividad del sol y de la luna, me repetía que el sol nos genera luz y bienestar y por muchas razones que ahora comprendo no tenía sentido vivir de noche. Todo ello me presionaba y me ayudó a darme cuenta que tenía que estar dispuesto a abandonar lo que soy para convertirme en lo que seré.

La tercera razón, mi jefe, Mario González, siempre me inspiró por sus acciones, por su determinación, por su valentía y por sus logros. Me convencí de seguir los pasos de quien al día de hoy sigue siendo mi mentor.

Alejandro Miranda: Nos hablas de esa experiencia de levantarte muy temprano y ser empleado, ¿qué lección importante nos puedes contar de esa experiencia y de qué manera repercute en la manera en que haces negocios hoy?

Oscar: Mi lección fue que tenía que cambiar lo que no me gustaba de mi propia vida, me hizo darme cuenta que no podría esperar a que alguien viniera a cambiar mi vida. El no -accionar- tiene una muy grande repercusión, a mi me costó 16 años en tomar acción, más otros 4 años que me tomó para que la semilla del árbol que hoy me hace sombra, germinara. Esto fue un precio muy alto que pagué ya que el tiempo no esta a la venta.

Levantarme a las 2:00 am era un tema a la vez de confort y de miedos, prefería estar pagando el precio de esas madrugadas en vez de enfrentarme a los retos de hacer e iniciar un negocio, enfrentar el precio del rechazo tiene una recompensa grandísima, misma que no se puede apreciar mientras no se supera ese miedo a lo desconocido.

Alejandro Miranda: ¿De qué manera esas experiencias siguen repercutiendo en tu manera de hacer negocios hoy en día?

Oscar: Esas experiencias prácticamente son mi motor en el día a día, son el sensor que me recuerda él "porque" quiero hacer o no algo. Esto me ayuda para tomar decisiones y poder -accionar,- ya que necesito tener una convicción muy alta, si mi "porqué" no es lo suficientemente fuerte, las cosas no van a suceder. He aprendido que, si mis razones no son lo suficientemente grandes, mis excusas lo serán.

Accionar, accionar y accionar. Nunca me olvido de lo que me hace levantarme todos los días. Al final del camino todos vivimos de emociones y de resultados. Mi enfoque ante toda circunstancia es ser siempre positivo y estar en el momento presente. Trato de evitar vivir en el victimismo y busco reaccionar y seguir avanzando en ser entusiasta en cada momento de mi vida.

Alejandro Miranda: Oscar, ¿has experimentado algún fracaso en tu vida que contribuya directamente hoy al éxito que tienes en lo que haces?

Oscar: Sí, hay uno muy en particular que experimenté a los 24 años. Viviendo en Estados Unidos, establecido allá, pedí un préstamo al banco de cien mil dólares. Ese crédito sería respaldado con mi casa. Mi propósito con ese préstamo era adquirir 10 propiedades para rentarlas. Al final del proyecto solo concluí dos, el otro 80% de los recursos los gasté; coches, viajes, etcétera, cosas que hoy en día no existen, solamente la hipoteca.

Tomar cien mil dólares prestados y solo haber puesto a trabajar veinte mil, me dio una gran lección, me ha marcado toda mi vida.

Hoy en día me doy cuenta de lo grandioso que es tomar decisiones, la recompensa no estaba en el resultado sino en la sabiduría que he adquirido. Gracias a esta experiencia hoy día soy una persona capaz que puede enfrentar una cantidad más grande que aquellos cien mil dólares. Con esa experiencia aprendí, que el monto del dinero es solamente el método de medición para solucionar problemas, digamos que me encuentro en "x" situación en donde el principal factor son 100 pesos y no lo puedo resolver, esto me dice que mi capacidad es menor a los 100 pesos.

Nunca se me olvida, ahí está en mi memoria y creo que es una de las decisiones más importantes que he tomado en mi vida, porque la sabiduría que adquirí hoy en día me reditúa en cada toma de decisiones que hago.

Creo que es uno de los principales puntos de mi vida que me ha marcado más. Considero que un ser humano debe fracasar y rápido, porque los fracasos simplemente son la llave para abrir la puerta al siguiente nivel.

No hay que tener miedo a los fracasos; los fracasos son un diamante, hay que verlos como el gran maestro que son.

Alejandro Miranda: Oscar ¿Qué se siente ser el líder oculto que eres actualmente?, ¿qué tipo de personas ayudas?, ¿qué problemas resuelves?

Oscar: Me siento comprometido con la responsabilidad de aportar valor a los demás y dar lo que esté a mi alcance, eso me da seguridad para seguir adelante con mis nuevos retos. Me he dado cuenta que al final del día no tengo problemas solo se trata de situaciones que tengo que resolver y eso me hace sentir el líder oculto al que te refieres.

Ayudo a los colaboradores, amigos, clientes y personas de mi comunidad al que la vida me va poniendo a prueba. Yo no escojo a la persona, la vida me la pone.

He aprendido que antes de ayudar a alguien más, es importante resolver problemas internos, como, por ejemplo; cuando me genero conflictos y aclarar mis pensamientos, así como resolver mis propias preguntas internas, tomo decisiones con el sentido común que aplico en mis negocios.

Alejandro Miranda: ¿Qué haces para recargarte fuera de tu negocio? Sé que eres una persona muy ocupada, ¿cuáles son tus pasatiempos?, ¿con qué tipo de personas pasas tu tiempo libre?

Oscar: Uno es el compartir tiempo con amigos, siempre te dejan una palabra o una frase. Soy muy preguntón y curioso, lo cual me facilita entrar en temas diferentes a los de mi vida cotidiana y eso genera que me desconecte de mi cansancio.

Otro es pasar tiempo en la naturaleza y con los animales, es un entorno en el que me libero de los malos pensamientos, es como si tuviera dos cerebros, uno es para mi vida cotidiana y el segundo que medita y se olvida de todo.

Alejandro Miranda: Si pudiéramos retroceder el tiempo y darle un consejo a una versión anterior tuya, a Oscar González anterior al que eres actualmente, al Oscar exitoso de hoy en día, ¿qué consejo le darías?

Oscar: Le recomendaría accionar y ser el primero siempre, nadie queremos pagar el precio de ser los primeros en fracasar primero. Si hoy en día a mis 41 años volteo, y me veo a los 21 años, yo le diría a ese Oscar, "atrévete a hacerlo ya". Creo que es la única forma de poder alcanzar el conocimiento, tropezando, porque hay que tropezar rápido y las veces que sea necesario.

La única forma de poder adquirir conocimiento y aprender es mediante la derrota, no hay otra. Soy enemigo de la palabra fracaso, porque fracasa el que se rinde. Es importante saber tener el "timing" correcto para la toma de acciones.

Hay una frase que dice, "mucho análisis genera parálisis".

Alejandro Miranda: ¿Cómo podemos saber más sobre tu negocio y sobre lo que haces?

Oscar: Sobre el negocio se puede saber más visitando nuestro sitio web o acercarse a nuestros distribuidores, que hoy en día se encuentran por la República Mexicana, o visitándonos a las instalaciones que están abiertas para quien quiera y esté interesado.

Nuestra página es www.farz.com.mx

Alejandro Miranda: Oscar, ya para finalizar, ¿algo más que quieras agregar?

Oscar: Sí, a todos los lectores de este ejemplar, quisiera reiterarles que en la vida nadie viene a ayudarnos a lograr nuestros deseos, a solucionar nuestros problemas o a construir nuestros sueños, no existe tal ayuda en el universo. Si quieres algo, búscalo, si quieres bajar de peso, deja de comer mal, te gusta una persona, búscala, paga el precio del rechazo porque lo único que tenemos es el "no". ¿Qué tal si nos dicen sí? Todo tiene un costo a pagar. No esperes aprobaciones de los demás, al final del camino es tu destino, quien espera la aprobación de los demás pierde la oportunidad de aprender. Nadie puede vivir nuestra VIDA, nadie puede escribir nuestra leyenda, no prestes el lápiz con el que escribes tu historia, se tú mismo el autor.

¿Cómo esperar una recompensa si no creamos nuestro presente? El futuro depende del presente, no nos engañemos, lo que siembras hoy, cosecharas mañana y no olvidemos que el miedo vence a más personas que cualquier otra cosa en el mundo.

Si hoy en día no tienes lo que en el pasado soñaste, déjame ayudarte sin que gastes en asesoría, tú eres el causante que tus sueños sigan truncados.

Alejandro Miranda: Muchas gracias Oscar.

Acerca de Oscar González

Secundaria es mi nivel académico, en 1995 emigre a los Estados Unidos donde comencé a trabajar en la empresa Mario's Catering, donde me desempeñe lavando trastes, ayudante de cocinero y cocinero, en el año 2003 comienzo a dirigir una de las divisiones de la empresa hasta el mes de julio del año 2013. En el año 2013 regreso a México para continuar en el desarrollo de la empresa (Farz) que inicie con mis dos hermanos en Agosto del 2009. Hoy en día me encuentro a cargo de la administración de la empresa Farz.

Todos conocemos la palabra "acción", pero pocos somos conscientes de lo que significa, es el único medio por el cual tenemos la oportunidad de hacer magia en nuestras vidas. El costo de equivocarse es menor que el costo de no hacer nada. Si quieres algo en la vida, vas a tener que trabajar por ello, nadie puede comenzar por ti, nadie puede darte conocimiento. Lo material perdura muy poco, lo interno es para siempre. La magia que produce la sensación de los logros conseguidos, no está disponible en ningún punto de venta en este planeta. Todo lo que nos llega en la vida ya sea bueno o malo, es reacción de nuestra acción.

Hay mil excusas para el fracaso, pero nunca una buena razón.

Contacto Oscar González
www.farz.com.mx

"Hay que arriesgar sin miedo, hay que perder, hay que enseñarnos a perder o a equivocarnos y esto mismo te va dando la pauta para la toma de decisiones"

Conversación con Carlos Vidal Plascencia Camacho

Alejandro Miranda: Vidal, mirando hacia atrás, ¿existía algún tipo de señal o indicio de que poseías en tu ADN el gen de un líder oculto?, ¿alguna historia de tu infancia?, ¿alguna circunstancia que te haya ayudado en tu vida a tener esa visión?

Vidal: Es un gusto compartir contigo esta experiencia y comentarte que sí, en mi infancia hubo varias señales que me indicaban que había algo de ese líder oculto. Solía yo jugar o soñar que estaba sentado en un escritorio y que dirigía una empresa. Me subía al cuarto de planchado de mi madre y por ahí me sentaba a firmar cheques, a hablar con gente.

La inquietud inició cuando era joven, cuando estaba chico. Creo que esto se da porque cuando era niño mi padre nos llevaba a mi hermano y a mí a su trabajo, donde él tenía un puesto directivo y creo que esa fue la semillita que se sembró en mí para ser ese líder oculto.

Alejandro Miranda: ¿Puedes describirnos qué tipo de persona eras antes de convertirte en empresario?, si nos cuentas un poco ¿qué tipo de estudiante eras?, ¿qué trabajos tuviste?, ¿qué problemas enfrentaste?

Vidal: No fui un estudiante que me aferraba a las situaciones o al estudio, simplemente era un estudiante dedicado, no era muy aprehensivo, no era de pasar muchas horas estudiando o repasando temas; más bien se me dio el don, puede decirse así; escuchaba a los maestros, las pláticas, las exposiciones y se me quedaba grabado, posteriormente daba yo alguna leída o una repasada a algún artículo y la verdad es que se me facilitaba recordar.

Soy de las personas que cuando está en algún tema o en alguna situación, estoy atento, pero con una o dos veces que repase el tema o el problema, aprendo, lo retengo y soluciono. Inicié a trabajar a la edad de 13 o 14 años, mi papá nos invitaba a su trabajo y nos ponía a trabajar o a practicar en el área de refacciones. Allí creo se dieron los cimientos y el origen para estar en el negocio que actualmente dirijo.

En ese tiempo recuerdo que limpiaba anaqueles, no sé si tú recuerdas, pero en ese tiempo se llevaban los inventarios por medio de kardex, con el lápiz hacíamos entradas y salidas. De ahí inicié yo en cuestión laboral, de ahí inicié en un negocio de compra-venta de productos de carne de cerdo y posteriormente me fui a estudiar a Guadalajara. Ya estando en Guadalajara en la Universidad, entré a trabajar en una distribuidora de maquinaria agrícola, en el área contable.

Estuve trabajando allí como un año más o menos, posteriormente entré a un despacho de auditoría contable hasta terminar casi la Universidad. De ahí me fui un tiempo a estudiar inglés.

Regresé e inicié el negocio de la compra-venta de maquinaria agrícola y hasta la fecha estamos en ese negocio, en ese giro. Me propuse metas, las primeras metas, era esa sensación de dirigir una empresa. Posteriormente otra de las metas muy importantes fue graduarme de la Universidad, esa fue una experiencia muy padre, que me ayudó mucho a desarrollar las bases de ese líder del que hablas, fue muy importante mi convivencia con maestros y compañeros.

Me propuse la meta de graduarme, de titularme y se cumplió. Siento que eso me ayudó a que cuando me propongo cierto tipo de metas, tengo que cumplirlas y hasta que no las cumplo me propongo otra y así consecuentemente.

Los problemas sí fueron varios, recuerdo cuando inicié en el despacho de auditoría no sabía mucha contabilidad y en vez de que el personal me ayudara a desarrollarme, pues como todo novato, me decían: "ve por los lonches, ve a la tiendita, ve y trae esto". Pero el interés era mío y, como te digo, cuando me propongo alguna meta, me da por cumplirla.

Durante los años que estuve en el despacho trataba de estar atento, me le pegué al encargado del despacho de auditoría, aprendí y al final cuando yo salí estaba como segundo a bordo. Salí de ahí terminando la universidad, después de ahí me regresé a La Barca, Jalisco a trabajar. Fue difícil esa época, porque yo viví en Atotonilco y tenía que viajar a Guadalajara todos los fines de semana y sí era algo pesado.

Además, cuando va uno de provincia hacia las ciudades se complica un poquito más, pero afortunadamente creí en mí, me apoyaron las personas que estaban a mi alrededor, se logró tanto el objetivo de la universidad como de aprender algo en los trabajos que tuve en esa época de estudiante.

Posteriormente inicié en el negocio de la maquinaria agrícola y fue un show también ahí, porque no tenía la experiencia necesaria que se requería. Mi único respaldo eran mis estudios en la universidad y mi trabajo anterior en el área contable. Cuando llegué a ese negocio que ya estaba operando desde hacía dos años, el capital ya estaba un 40% abajo, fue muy difícil porque yo no sabía del negocio de la maquinaria agrícola, pero sí sabía de contabilidad, de administración y ahí fue donde yo inicié. Empezar a controlar, empezar a hacer las partes contables, la parte administrativa.

Recuerdo que la gente que estaba ahí tenía mucha experiencia y muchas veces se burlaban de mi falta de conocimiento del negocio enfrente de los clientes, pero ese fue mi inicio, eso me motivó a conocer del negocio, iniciar y afortunadamente se dieron las cosas hasta llegar al punto donde estamos.

Alejandro Miranda: ¿Qué fue lo que te inspiró a tomar la decisión de convertirte en empresario?

Vidal: Fueron varios factores. Creo que el principal fue mi padre, el hecho de que él nos haya llevado a su trabajo, el que estuviéramos a un lado de él viendo cómo administraba, no se me olvida algo, si tú quieres tan sencillo, pero recuerdo que firmaba los reembolsos y le ponía una rayita, una firma y yo le preguntaba "¿por qué haces eso?" y me decía, "es que si le pongo esta rayita, es indicación de que no vuelvan a meter las mismas facturas".

Muchas cosas las aprendí de él. Él trabajaba en una empresa de maquinaria agrícola y también el dueño de esa empresa, aparte de patrón de mi papá, era amigo de la familia y tenía muchos negocios. Fue otra persona que me ayudó a sacar esa espinita de lograr objetivos como empresario. También te comento, la universidad, mis compañeros, los maestros, tuvimos maestros excelentes. Esa espinita y esa ambición de lograr algo, el gusto por el campo también, que desde chicos lo tuvimos por medio de mi padre. Creo que eso fue la inspiración para convertirme en el empresario que actualmente soy.

Alejandro Miranda: ¿Cuál puede ser una lección importante en tu vida, alguna experiencia que siga repercutiendo actualmente en la manera en que trabajas y haces negocios?

Vidal: Creo que el tener conocimiento pleno de lo que estamos haciendo es importantísimo, del negocio, de la actividad a la que tú te dedicas. Mis principales frustraciones las sufría cuando no conocía sobre el tema, el cómo hacer o el qué hacer para lograr esas metas. Al inicio en el negocio de la maquinaria agrícola, que es el que me ha dado la mayor satisfacción, fue muy difícil por lo mismo, por la falta de conocimiento de éste, pero también te comento que con las ganas, con la espinita, con ese líder que tiene uno oculto, con el pasar de los años, con el estudio, con la experiencia, vas aprendiendo de los errores y de los aciertos, fui entendiendo el cómo lograr mis objetivos.

Algo muy importante es arriesgar sin miedo a perder o a equivocarte. Muchas veces ese miedo nos hace no intentar, no conseguir lo que queremos. Para mí es algo muy importante. Creo que hay que arriesgar sin miedo, hay que perder, hay que enseñarnos a perder o a equivocarnos y esto mismo te va dando la pauta para la toma de decisiones.

Por lo regular trato de pensar positivo, confiar en mis colaboradores y cuanto tú logras esa confianza con la gente que está contigo, eso te da más seguridad para sortear los momentos de crisis o difíciles que se presentan.

Alejandro Miranda: Hablando de eso, Vidal, ¿has experimentado algún fracaso en tu vida que contribuye directamente al éxito que tienes actualmente?

Vidal: Sí, la verdad que sí. Cuando inicié en éste negocio, que es el fuerte ahorita, recuerdo que me mandaban a hacer compras de tractores usados, porque iniciamos con la compra-venta de tractores usados; los comprábamos, reparábamos, pintábamos y recuerdo que me mandaban a comprar los tractores a Sinaloa, Sonora o Chihuahua. Eran viajes muy estresantes, muy cansones, andábamos por ranchos, por ejidos y la verdad eran viajes muy sufridos, muchas veces sin comer, muchas veces arriesgándote.

Recuerdo una vez que veníamos de Chihuahua duré dos días tirado en la carretera por falta de herramienta, por falta de experiencia. Se dan situaciones difíciles. Recuerdo también que en las primeras compras de los equipos perdí dinero, perdimos dinero porque no sabía del negocio y a la hora de repararlos, de pintarlos se les metía dinero y muchas veces lo que podíamos vender no era ni el costo de lo que le metíamos a los tractores.

También te digo, esos viajes eran muy largos, de 12 a 15 horas de trayecto, no dormía en hoteles buenos, sino en hoteles económicos. Eso me dio la pauta para aprender, y para conocer del negocio. Al día de hoy sigo comprando equipos usados, pero ya todo es sin salir, sin arriesgar, ya con el mismo conocimiento que tengo del negocio se da y eso hace posible que realice operaciones con éxito, teniendo en cuenta que en algún caso puedo perder.

Alejandro Miranda: ¿Qué se siente ser el líder oculto que eres actualmente? Si nos puedes ayudar a describir un poquito tu negocio actual, ¿a qué tipo de personas ayudas?, ¿qué problemas resuelves?

Vidal: El ser líder conlleva muchas situaciones. Tiene que ir uno entendiendo, ayudando, resolviendo las situaciones, comprender a las personas y al entorno. Es una responsabilidad grande y que uno como líder tiene que ver más por los colaboradores, por los clientes, por la gente que está a tu alrededor que por uno mismo. Como líder uno tiene que convencer a su equipo para el logro de los objetivos, de los resultados y tiene uno que sacar la mejor parte de tus compañeros, aún muchas veces haciendo de lado la parte personal.

Sacrificar el "yo" por todo el grupo, por la acción del grupo. Te platico que actualmente en el grupo Agrocisa, dentro del organigrama de la empresa existe un grupo de colaboradores llamado "Corporativo", que reportan directamente a dirección, a tu servidor. Su objetivo principal es auxiliar a cada una de las áreas de la empresa, son administración, crédito, cobranza, contabilidad, tesorería, contralorías, sistemas, mantenimiento. Además las áreas operativas que es venta de maquinaria, refacciones, servicio y agricultura inteligente. Como líder mi tarea principal es de que cada uno de nuestros colaboradores logren sus objetivos con base al plan estratégico de cada área.

Alejandro Miranda: ¿Qué haces para recargarte fuera de tu vida empresarial?

Vidal: Una parte muy importante de todo ser humano es esa complementación del trabajo con las demás actividades. Tener la complementación óptima con actividades de trabajo y particulares o personales es muy importante. Sé combinar mis actividades con mi familia, con mis amigos, con mis socios y con la sociedad en general. Con mi familia convivo todos los días con mis hijos, con mi esposa, pero el fin de semana es sagrado para ellos. Desde que salgo del trabajo me dedico a ellos, me voy a comer, platicamos, vemos televisión y pasamos el fin, sábado y domingo juntos.

También otra de mis actividades es con mis socios, convivo con ellos también para retroalimentarnos, para darnos ideas, para ayudarnos y por lo regular tenemos reuniones dos veces al mes para juntarnos y platicar, compartir experiencias.

Otra actividad importante es que tengo un grupo de amigos, de compañeros empresarios quienes nos reunimos por lo regular los días viernes y disfrutamos la actividad del temazcal y hacemos una comida. Compartimos las experiencias tanto familiares, con las esposas, con los hijos, el trabajo, de la sociedad en general. Son actividades muy importantes en mi día que me dan ese balance para ser el líder que tengo que ser en la parte del trabajo, pero también en mi familia, con mis amigos y en la sociedad.

En cuanto a la sociedad me gusta asistir a reuniones, participar en eventos, apoyar causas, me gusta también convivir con mis colaboradores, de vez en cuando nos reunimos, hacemos alguna carnita asada, convivimos y eso es muy importante porque estrechas un poquito más la relación, esa confianza, ese sentimiento, no solo la parte de trabajo, sino la parte de amistad que es muy importante.

Una actividad muy importante que disfruto mucho es el rancho, la actividad de los ranchos me encanta. Estar en mi rancho me relaja, me genera satisfacción, porque es algo que me llena de paz, que me da tranquilidad. Dentro de las actividades que tenemos en el rancho es criar borregos, engordar ganado, cultivar maíz y limones. Soy una persona muy inquieta que me gusta probar diferentes actividades. Me relajo al ver un toro gordo, presenciar el nacimiento de un borrego, admirar la naturaleza es una actividad relajante y es donde recargo esa energía que mi cuerpo y mi mente necesitan para tener actitud positiva.

Alejandro Miranda: Si pudiéramos retroceder el tiempo y pudieras darle un consejo a una versión anterior tuya de Vidal Plascencia, una versión anterior al éxito que tienes hoy en día, ¿qué consejo sería?

Vidal: Más bien le daría el consejo a las personas, a los jóvenes actuales, a toda esa generación que viene empujando, este sería, "aprovechar al máximo las oportunidades que se van presentando en la vida, en todo sentido, tanto personales como de trabajo, como de estudio, como de sociedad". Es algo muy importante tanto en el estudio, en el trabajo, lo personal, el aprender de todas las personas que confían en nosotros, eso es bien importante, porque te hace ver la vida, el trabajo y los problemas de diferente manera.

Es muy importante también tener claro que no todo el tiempo o situación que se nos presente van a ser a nuestro favor. Debemos de tener en cuenta que hay situaciones a veces muy difíciles, pero que viviendo paso a paso las etapas de la vida y preparándonos en todos los sentidos nos puede ayudar para resolverlas y aceptar lo que no podemos cambiar. Yo creo que hacer lo que te gusta y disfrutarlo, tratar a los demás como quieres que uno sea tratado, dar importancia a las personas y a las cosas que lo merecen, es algo que yo aconsejaría a las personas para tener una vida más tranquila, una vida más en paz y que se puede disfrutar.

Alejandro Miranda: ¿Cómo podemos saber más sobre tu negocio?

Vidal: Este es un negocio, que yo disfruto, me apasiona, que me ha dado muchas satisfacciones, he tenido también tropiezos como todo ser humano. He tenido problemas en tiempos de crisis, pero es un negocio que me apasiona. Te comento que cuando yo compro un tractor usado o en desuso que ya no se puede usar, el comprarlo, el llevarlo a mi taller, el repararlo, el dejarlo trabajando, el pintarlo cambiarle llantas, dejarlo como nuevo, eso a mí me emociona, me da una alegría que no tienes idea.

Otra parte también dentro del negocio, para mí muy importante es ofrecer alternativas al agricultor que no puede comprar algo nuevo, para mí es darle la oportunidad a esa gente de escasos recursos o que no tienen la eficiencia y la producción deseada, darles una opción más, eso es muy importante para mí.

En mi negocio, mi visión es tenerlo como una organización que ofrezca servicios integrales para las labores del agricultor, el fin es ayudarlo a ser más eficiente, que pueda recibir más ganancia, reducir sus costos, aumentar su producción y por consecuencia su calidad de vida.

También te platico que para mí, como empresario y para Agrocisa como empresa, la parte del recurso humano de los colaboradores es muy importante, es el activo más valioso de la empresa y de toda la actividad que generamos aquí en Agrocisa.

Algo que me obsesiona y que deseamos como empresa es ese sentido de pertenencia de los colaboradores, esa lealtad de ser considerado como lo más importante para la organización, eso es algo que tenemos claro, es algo que genera una relación de confianza, de responsabilidad y correspondencia de las partes, tanto para los colaboradores como para nosotros como empresarios. Esto se traduce, en la satisfacción de nuestros clientes.

Cuando nosotros tenemos colaboradores satisfechos, y el equipo de trabajo al 100, con ese sentido de pertenencia, por consecuencia nuestro cliente externo, a donde vamos a llevar nuestros productos y nuestros servicios, se traduce en la satisfacción y en el éxito de él.

Otra parte muy importante es la capacitación, la actualización de la empresa y de sus colaboradores, esto nos ayuda también a presentarnos dentro de las comunidades de influencia. Cuando tú como empresario, como empresa tienes gente preparada, gente que se interese por los demás, eso se traduce en participar y ofrecer alternativas a la sociedad, convivir o contribuir a mejorar la sociedad. Creo que el desarrollo y los planes de apoyo a la sociedad son muy importantes.

Nosotros tenemos varios planes, varios apoyos, tenemos un programa con el CONALEP, donde en vez de que los alumnos se vayan a estudiar a las aulas, se vienen a hacer ese proceso aquí en la empresa, y tenemos también en la parte administrativa contable. En el CONALEP hay una carrera de motores a diesel, esos jóvenes se vienen aquí a tener experiencia y tener práctica, complementando con los conocimientos que aprenden en los libros. La teoría y la práctica se complementan aquí, en la empresa.

Para mí es muy importante motivar a los estudiantes, a la juventud. Esto es una actividad que nos genera más que ganancia económica, nos da pertenencia, reconocimiento, satisfacción en la parte humana, que al fin es lo que más cuenta en nuestro diario vivir. Es muy importante para mí ser agradecido en todos los sentidos ya que ello fortifica nuestra alma y cuerpo. Nosotros como empresa tenemos que agradecerle a la sociedad, a nuestros clientes, a nuestro entorno, a nuestra comunidad, participamos mucho en actividades en este sentido.

Nuestras páginas web son:

www.agrocisa.com.mx
www.rapsadecv.com

Alejandro Miranda: Ya por último, ¿algo que quieras agregar?

Vidal: Todos en esta vida tenemos capacidades para desarrollar, algunos tenemos capacidades diferentes, lo más importante es creer en uno mismo, creer en las personas que están a nuestro lado, creer en la sociedad y en el país. Nosotros somos los que generamos el cambio, nosotros mismos somos los que logramos y vamos a dónde queremos llegar.

Como consejo a los jóvenes, a los estudiantes: "crean en ustedes mismos, todos podemos llegar a ser líderes". Esto conlleva algunas exigencias, algunos sacrificios, pero vale la pena hacer lo que te gusta, ser honesto contigo mismo y con los demás. "Trata a las personas como quieres que te traten a ti, como quieres ser tratado". Creo en la capacidad de la gente, creo en las oportunidades y como consejo, jóvenes, "¡arriesguen!, ¡vayan adelante!, prepárense y vamos a cambiar este México para beneficio de todos".

Alejandro Miranda: Gracias Vidal.

Acerca de Carlos Vidal Plascencia Camacho

Carlos Vidal Plascencia Camacho. Nací el 6 de noviembre de 1968, en la ciudad de Atotonilco el Alto, Jalisco. Graduado en la carrera de Comercio Internacional, en la Universidad de Guadalajara. Iniciando mi experiencia laboral en despacho de Auditoria Contable, posteriormente en RAPSA negocio de compra-venta de maquinaria agrícola usada. Siguiendo la apertura de venta de maquinaria agrícola nueva. Logrando la distribución de las marcas de CNH de México, y obteniendo como primer distribuidor las cuatro marcas que ellos son propietarios. Actualmente contando con 5 Sucursales y más de 250 colaboradores.

Creer en uno, aprovechar las oportunidades que se te presenten y tratar a las personas tratar a las personas como quieres que te traten.

Contacto Carlos Vidal Plascencia Camacho
www.agrocisa.com.mx

"Si mantenemos un equilibrio sano en la vida, priorizando los valores como la integridad, la coherencia, la laboriosidad, la fidelidad, la veracidad, la generosidad o sea lo que realmente vale la pena, los beneficios financieros vendrán como consecuencia y no como un fin"

Conversación con Manuel Álvarez Jiménez

Alejandro Miranda: Agradezco muchísimo tu tiempo y tu disposición. Mirando hacia atrás, ¿existía algún tipo de señal o indicio de que poseyeras en tu ADN el gen de un líder oculto?,

es decir, ¿algo en tu infancia, alguna experiencia de tu vida o circunstancia que nos ayude a

entender si ya existía esto antes, en otra etapa de tu vida?

Manuel: Así como un indicio claro repasando mi infancia no lo tengo identificado como tal, sin embargo lo he notado como un proceso gradual, es algo paulatino, se fueron dando las cosas de una manera que ni yo mismo me explico, algo así como sembrar una semillita, que Dios se encarga de desarrollar y hacer que con el tiempo de fruto.

Ciertamente en mi infancia me soñaba manejando algo grande, era como un anhelo, manejar algo como una organización o una empresa, algo que representara un desafío, que no cualquiera lo pudiera hacer, que fuera difícil y por lo mismo retador, por lo difícil se me hacía más atractivo, como que más lo deseaba.

Recuerdo que en la secundaria y no sé por qué razón, fui nombrado Presidente de la Sociedad de alumnos, un día de improviso se organizó la votación. A mí me desconcertó que casualmente la mayoría votó por mí, me sentía aceptado por mis compañeros y mis maestros, pero una vez que fui nombrado y tuve que pasar a decir "unas palabras", de los nervios no pude articular ni una sola palabra, aunque de alguna manera me sentía satisfecho de ser aceptado.

Son como recuerdos que tengo de que mis compañeros y mis maestros tomaban en cuenta mi punto de vista y tomaban en cuenta mis opiniones, es algo que ni yo mismo me sé explicar. Identificar un evento o señal en particular de que posea algún gen, realmente no lo tengo claro, solo recuerdos vagos, mi percepción es como una cuestión de vocación, como si Dios me haya llamado a cumplir una misión.

Alejandro Miranda: Manuel cuéntanos un poco, ¿qué tipo de persona eras antes de convertirte en empresario?, no sé, que nos cuentes un poco ¿cómo eras de estudiante?, ¿qué tipos de metas tenías?, ¿los trabajos que tuviste y además los problemas que tuviste que enfrentar?

Manuel: De mi infancia los recuerdos que se vienen a la mente están relacionados con el estudio. No me consideraba muy dedicado para estudiar, sin embargo, sí se me daba. En la primaria y en la secundaria siempre estuve obteniendo muy buenas notas, de hecho tanto en primaria y secundaria fui el primer lugar.

Sin embargo yo no sentí que fuera resultado de un esfuerzo por el estudio, sencillamente se me daba. Lo que sí recuerdo, que posiblemente pudo haber contribuido, es que sí era algo disciplinado, cuando hacía mis tareas me proponía metas por bloques, por ejemplo, número de minutos dedicados a estudiar alguna lección, o número de páginas a leer o número de párrafos a memorizar, pero siempre por bloques.

Recuerdo que cuando me proponía hacer mi tarea sin tener un plan de trabajo, sencillamente no lograba concluirla, solo picaba aquí y picaba allá sin lograr enfocar. Esta técnica de estudiar o trabajar por bloques y estableciendo metas siempre me funcionó, y con el paso del tiempo descubrí que igualmente funciona para todo lo que se emprende en la vida.

Pese a que se me facilitaba el estudio y obtenía buenas calificaciones, una vez que terminé la preparatoria, decidí no cursar una carrera. Esta decisión se debió principalmente a ciertas corrientes de mentalidad tipo comunista que se gestaba en la Universidad pública en ese entonces, sobre todo en lo relacionado con el clero, contraria a mis principios, y por falta de recursos no era opción ingresar a una universidad particular. Para sorpresa mía cuando le comenté mi plan a mamá, ella estuvo de acuerdo y me apoyó en mi decisión, fue para mí un gran alivio.

Creo que todo fue para bien, en algunas escuelas preparan bien a los alumnos a ser buenos empleados profesionistas, pero no los preparan para ser buenos patrones empleadores de profesionistas, todo ha sido providencial, posiblemente evité con ello la generación de paradigmas limitantes.

Consciente de mi escasa preparación para enfrentar los retos de la vida me hice el propósito de convertirme en autodidacta, empezando por adquirir el hábito de leer libros. Desde entonces me he mantenido leyendo, no sé si sea un buen nivel de lectura, pero leo alrededor de 40 libros por año, que ya sumándole, creo que ya llevo más de 1.000. Entre mis temas que he preferido son los de superación personal, negocios, biografías, historia, religión.

Pienso que esto ha influido o más bien he tratado de dejarme influenciar por la buena lectura, estoy convencido que se convierte uno en lo que se alimenta y si nos alimentamos de buena lectura creo que nos puede influir en beneficio. Esto para mí ha sido el medio de mantenerme más o menos al día en cuestión académica, por el hecho de ser autodidacta.

En cuanto al aspecto laboral, también desde la temprana edad de 13 años empecé a trabajar, que para mí era lo más natural ya que mis hermanos y yo nos criamos sin padre, porque él murió muy joven (yo tenía solo dos años). La rutina era trabajar en la mañana e ir a la escuela en la tarde y en esa forma nos empezamos a enfocar a emprender, unidos los cuatro hermanos, apoyándonos unos a otros.

Ciertamente al principio había que enfrentar muchas adversidades, la carencia de recursos, las envidias, las burlas y también, por qué no decirlo, el miedo a la bancarrota y el miedo al fracaso, sin embargo, unos con otros nos apoyábamos entre los hermanos siempre reconociendo y respaldando el liderazgo de mi hermano mayor como cabeza, que esa unidad nos ayudó a mantener el enfoque en las buenas y en las malas. Coincidentemente los cuatro hermanos teníamos el sueño de crecer y de progresar, el anhelo ahí estaba.

Alejandro Miranda: Manuel, ¿qué fue lo que te inspiró a convertirte en empresario? Veo que has leído muchísimo, ¿algún libro en particular?, ¿alguien que hayas conocido? También, saber ¿qué es lo que te apasiona para hacer lo que haces y ayudar a la gente que ayudas?

Manuel: ¿Lo que me haya hecho a convertirme en empresario? Siempre había sentido admiración por gente exitosa cuando menos en apariencia. Yo más bien le llamaría gente disruptiva. En aquellos años quienes más me atraían y sentía mucha admiración, por ejemplo, algunos personajes como Walt Disney, Henry Ford, Sam Walton, Martin Luther King, Winston Churchill, me impactaba su forma disruptiva de nadar contra corriente. En lo referente al equilibrio en su vida personal y familiar que hemos comentado en otras ocasiones, no lo sé si se daba o no se daba en ellos, pero lo que sí se me hacía muy atractivo era ese atrevimiento de enfrentar situaciones, de romper esquemas. Yo creo que esa admiración fue para mí algo inspirador que influyó mucho, según yo. También me aficionaba a leer biografías de santos, pues se me hacía muy atractiva la entrega heroica de sus vidas.

Por supuesto, por la influencia que recibe uno en las lecturas, esas biografías te generan anhelo e inspiración y a eso lo atribuyo principalmente, no a un solo evento de decir, "gracias a este evento decidí hacerme empresario". No necesariamente, yo creo que fue la influencia también derivada de varias lecturas, no de una en específico.

Sobre lo que me apasiona, ¿cómo describirlo?, todo es cíclico en la vida, en esta etapa de mi vida en donde precisamente el día de hoy estoy cumpliendo 64 años, estoy consciente que ya mi capacidad productiva va de bajada y recientemente me he estado enfocando como una prioridad, la conformación de órganos de gobierno en mis negocios, pero con varios objetivos: crear una estructura para que se consolide la administración, involucrar a los hijos, para que se vayan formando y enamorando de la empresa y vayan tomando la batuta en la siguiente etapa de la administración de las empresas y que la empresa sea un vínculo de unión y armonía familiar.

En nuestro entorno nos enteramos constantemente de empresas que en su tiempo fueron muy exitosas, y que no sobrevivieron en segunda o tercera generación, y en muchos casos fueron motivo de división y conflictos familiares. Esto es precisamente lo que deseo evitar, que lo que se ha logrado lejos de ser motivo de conflicto sea en todo sentido motivo de armonía, fraternidad, unión familiar. Este es mi gran anhelo, es lo que me está apasionando y motivando, lograr la trascendencia a través de la empresa familiar creando las bases para futures generaciones.

Alejandro Miranda: Nos hablabas de experiencias pasadas. ¿Hay alguna experiencia en tu vida que siga repercutiendo al día de hoy en la manera en que haces los negocios?, no sé, ¿algún error cometido?, ¿algo que hayas vivido que te haya marcado para tu vida actual?

Manuel: Sí, creo que sí ha habido varias experiencias, errores cometidos en el pasado, constantemente está uno aprendiendo. Ahorita se me viene a la mente lo que creo fue un error. En los años 80´s, no sé si te acordarás, había una situación de incertidumbre en el país, se dio la nacionalización de la banca, no había comercio de divisas y por la desconfianza en el gobierno tomamos la decisión de expatriar capital. Yo creo que fue un error no seguir apostando a nuestro país. Yo pienso que no es lícito atesorar por atesorar. Si Dios nos ha permitido progresar y crecer llegando a formar un grupo empresarial en desarrollo, creo que el atesorar en cierta forma no es correcto porque es como enterrar los talentos. El hecho de expatriar capital, era como el equivalente a darse por vencido sin antes haber luchado. Así que a inicios de los 90 decidimos repatriar los recursos y reemprender nuevamente expandiendo los negocios e iniciando una nueva etapa la cual se dio simultáneamente con la disolución de la sociedad entre los hermanos, que ya a esas fechas estaban creciendo nuestras familias. Ese contexto me hizo cambiar mi mentalidad y me convencí de que no debemos aventar la toalla, es decir darse por vencido sin antes haberlo intentado.

A estas fechas, cada quien tiene sus propios negocios y es la razón por la que yo desde 1999 ya me he enfocado a trabajar con mis propios negocios sin estar en sociedad con mis hermanos, sino solamente la sociedad conyugal que en el grupo empresarial mi esposa es mi única socia.

Alejandro Miranda: Eso fue una dura experiencia, ¿algún fracaso en tu vida empresarial anterior que contribuya al éxito que tienes actualmente?

Manuel: Recuerdo un fracaso tremendo que sí me pego muy fuerte. Hace poco menos de 20 años, como en 2001, estábamos nosotros viviendo en Guadalajara y seguramente por las influencias del círculo social yo me sentía muy autosuficiente y aburguesado, en otras palabras soberbio, y por lo mismo se me antojaba dedicarme a disfrutar y a llevármela comodinamente, así que tomé la decisión de reclutar a un director que se encargara de administrar todos mis negocios y por supuesto con amplias facultades. Se montó una oficina central en Guadalajara a pesar de estar los negocios en el Bajío y Michoacán, se contrató personal administrativo, lo cual elevó tremendamente los gastos además de burocratizar los procesos, aumentaron los costos, se dispararon las pérdidas, en pocas palabras empezaron a ir los negocios a pique.

Este fracaso para mí fue un golpe muy duro, un día de buenas a primeras decidí agarrar el toro por los cuernos, despedí a todo el personal empezando por el director, cerré la oficina de Guadalajara y a volverme a arriscar las mangas y a meterme a trabajar. Esto para mí me hizo cambiar, me hizo ser más humilde, me hizo reconocer que definitivamente yo no nací para burgués, creo que el trabajar es mi destino y también he descubierto que trabajar me hace feliz, entonces si tengo que estar trabajando, ¡a trabajar!

Esto fue como retomar mi operación al estilo lírico como yo estaba acostumbrado, gracias a Dios se fueron nivelando nuevamente los negocios y volvieron a crecer. Esto fue hace ya casi 20 años, creo que de todos los fracasos siempre hay algo que aprender y creo que sí fue un buen aprendizaje que me ha ayudado a reconocerme, a ser más humilde y a dedicarme con más empeño al trabajo.

Alejandro Miranda: ¿Qué se siente ser el líder oculto que eres actualmente?, ¿nos puedes decir un poco cuál es tu negocio?, ¿qué tipos de problemas resuelves?, y ¿qué tipos de personas ayudas, tus clientes?

Manuel: Lo único que puedo expresar en este aspecto es que es ciertamente muy satisfactorio, ¿cómo es que se dieron las cosas?, ¿cómo es que existe ese grupo?, yo honestamente no siento que sea por mérito mío, ni por mi esfuerzo, ni por mi capacidad, para nada. Estoy convencido de que este patrimonio que existe y que está a mi cargo es porque Dios me lo ha querido conceder inmerecidamente. Lo único que puedo expresar es gratitud, estoy agradecido con la vida, estoy agradecido con Dios nuestro señor, el que me haya concedido tener un negocio es como una misión, más bien considero que Dios me ha confiado de sus bienes para hacer buen uso de ellos, consciente de que al que mucho se le da mucho se le exigirá, por supuesto que llegará el día en que tenga que rendir cuentas a su presencia y espero que esas cuentas no sean incompletas.

Dios me ha concedido una linda familia y una empresa mediana. La empresa consiste en tres giros que consta de seis plantas, entre fabricación de costales (2), producción de alimento para animales (2), producción de harina de trigo para pan (2). Lo que producimos tiene presencia a nivel regional y algunos de ellos a nivel nacional.

Actualmente la plantilla está conformada alrededor de 600 empleados, y más o menos hay presencia comercial en la región de mis productos. Esto por supuesto que ponderándolo, lo único que puedo hacer es caer de rodillas para agradecer a Dios.

Alejandro Miranda: ¿Qué haces para recargarte fuera de todas tus actividades?, ¿qué tipo de pasatiempos tienes? y, ¿cuáles son las personas con las que te gusta pasar tiempo fuera de tu negocio?

Manuel: El concepto recargarse, no sé si te refieras como a recargar pilas o hacer un receso en la vida. Para mí, mis pasatiempos, como ya lo mencionaba, es la lectura, soy devoto de ir a misa todos los días y rezar el rosario. No soy muy sociable, me considero tímido y poco sociable. Sin embargo con quienes ocasionalmente convivo fuera de los miembros de mi familia, son compañeros de algún grupo de la iglesia, es en lo que me relaciono más fuera de la casa. ¿Qué otra cosa hago para recargarme?, acostumbro hacer dos retiros espirituales cada año. Creo que también eso me hace retomar la perspectiva y ser más objetivo, siempre me hacen poner los pies en la tierra y considerar lo que realmente trasciende.

Alejandro Miranda: Si pudiéramos viajar en el tiempo, retroceder y darle un consejo a una versión de Manuel Álvarez, anterior a lo que eres hoy, al hombre exitoso que eres, ¿qué consejo le darías a esa versión de ti mismo?

Manuel: A esta versión de mí mismo, antes de formarme yo me aconsejaría el no perder de vista el enfoque hacia los valores trascendentales y mantener el equilibrio en la vida. A veces tiende uno a dedicar la mayor parte del tiempo a lo material, ganar dinero, trabajo y más trabajo, descuidando muchas veces la familia, la salud, las relaciones sociales. Si mantenemos un equilibrio sano en nuestra vida, priorizando los valores como la integridad, la coherencia, la laboriosidad, la fidelidad, la veracidad, la generosidad, o sea lo que realmente vale la pena, los beneficios financieros vendrán como consecuencia y no como un fin.

Alejandro Miranda: ¿Cómo podemos saber un poco más sobre tus negocios, tus empresas?

Manuel: Los perfiles de las empresas, el ¿quiénes somos?, ¿cómo son las empresas?, la información está en los sitios web:

www.rainsa.com.mx
www.nutroline.com
www.molinodeusto.com.mx
www.maxpromx.com
www.petline.com.mx
www.elherradero.mx

En esos sitios existe suficiente información de los perfiles de las empresas de forma individual de cada operación. Actualmente se encuentra en proceso la conformación de la estructura administrativa como grupo empresarial.

Alejandro Miranda: ¿Algo más que quieras agregar antes de despedirnos?

Manuel: Agradecer que me hayas considerado para este proyecto, se me hizo muy interesante el proyecto de tu libro, te deseo todo el éxito. Espero que se vea culminado con muchas ediciones.

Alejandro Miranda: Muchas gracias Manuel.

Acerca de Manuel Álvarez Jiménez

Originario de Arandas, Jalisco, México. Esposo, padre de siete hijos, abuelo de once nietos (de momento). Empresario en el ramo industrial agropecuario y empaques plásticos con presencia de sus productos en varias regiones del país. Actualmente enfocado a conformar órganos de gobierno en su grupo empresarial buscando lograr la trascendencia en la sucesión. Aficionado a la literatura clásica y de negocios.

Si pusiéramos en la balanza lo que más influye en el éxito entre la inteligencia y la disciplina, sin duda la disciplina es más importante.

Los grandes logros se alcanzan cumpliendo pequeñas metas, y la mejor herramienta para realizarlas es la disciplina.

Contacto Manuel Alvarez
www.nutroline.com

www.ingramcontent.com/pod-product-compliance
Lightning Source LLC
Chambersburg PA
CBHW071404210526
45465CB00001B/250